这是一本关于美满婚姻的书

这是一本写给男人和女人的书

这本书教您如何做一位优秀的丈夫 幸福的妻子

XINLI ZHUANJIA TAN HUNYIN YISHU

心理专家谈婚姻艺术

杨 连

中国海洋大学出版社
·青岛·

图书在版编目(CIP)数据

心理专家谈婚姻艺术/杨连. —青岛:中国海洋大学出版社,2007.9（**2016.11重印**）

ISBN 978-7-81125-032-9

Ⅰ.心… Ⅱ.杨… Ⅲ.婚姻—心理学 Ⅳ.C913.13

中国版本图书馆 CIP 数据核字(2007)第 107126 号

出版发行 中国海洋大学出版社
社　　址 青岛市香港东路 23 号　　**邮政编码** 266071
网　　址 http://www2.ouc.edu.cn/cbs
电子信箱 whs0532@126.com
订购电话 0532—82032573(传真)
责任编辑 万方广　　**电　　话** 0532—85901040
印　　制 日照昆城印业有限公司
版　　次 2007 年 9 月第 1 版
印　　次 **2016 年 11 月第 5 次印刷**
成品尺寸 144 mm×213 mm
印　　张 7.75
字　　数 150 千字
定　　价 20.00 元

致读者

性是人类生理需要（生物需要）的重要内容，是人类生命的源泉，是整个人生不可缺少的一部分，同时又是一个“难以启齿”、极为敏感的话题。人们往往避讳它，但又离不开它。性可以给人以满足、愉悦、幸福和追求，使人产生昂奋、升腾的感觉。同样，性也可以改变人正常的思维活动模式，使人失去理智，走向罪恶的边缘。在现实生活中，很多人会遇到这样或那样的性困扰，笔者从事心理咨询工作10多年，发现大多数咨询者都是由于性知识缺乏而导致生活不幸福，甚至婚姻解体、心理变态、犯罪、自杀等。因此写下这本小书，极希望我们每个人都能体会到爱情魅力，掌握好爱的航向，享受爱的幸福，处理好爱的挫折，而不虚度此生；更希望我们每个家庭都能性福美满，减少离婚率，不负天伦之乐，不再有性困惑，不再受性的压抑。性爱是人生大题目，学好性爱之事，乃人生之大事。

全书共分五大部分：第一部分婚姻中常见矛盾的解决、第二部分性爱意义、第三部分恋爱技巧及婚前性知识、第四部分性爱技巧、第五部分性障碍与性疾病的防治。

本书在写作风格上力求直截了当、短小精湛、言简意赅。但是，智者见智，仁者见仁，若有不当之处欢迎批评指正。贵州省黔南地区，电信用户可拨**傍晚心理热线**（0854）87502222共同探讨。

目次

目次

目次

目次

目次

目次

目次

目次

目次

目次

第一部

恋爱是魔术，婚姻是艺术：婚姻中常见矛盾的解决

恋爱视快乐为目的，而婚姻视整个人生为目标。

——巴尔扎克

为了爱情的继续和婚姻的美满，妻子固然要取悦丈夫，丈夫也要取悦妻子，至于如何取悦，乃是一种高级的艺术。

——柏杨

婚姻是一次长谈，杂以争辩。

——史蒂文森

只为金钱而结婚的人，其恶无比；只为恋爱而结婚的人，其愚无比。

——约翰生

与所爱的人长期相处的秘诀：放弃改变对象的念头。

——萨尔丹

为何相爱容易相处难

女友蓓打电话向我诉苦，说她和立又吵架了。我问：这回是立把书报扔得到处都是呢，还是找不到他的臭袜子呀？蓓说：他当然是找不到他的臭袜子啦！他的大多数袜子根本就是东一只西一只，没有几双可以配成对的。我整天跟在后面收拾都不管用，真是令人受不了！我问：你以前难道不知道他是这样的人吗？恋爱时，你也老跑去他的宿舍帮他收拾，得到赞扬更是乐此不疲，一副幸福小妇人的样子。怎么结了婚却觉得烦呢？蓓说：以前是以前啊！我以为他会变。谁知结了婚还这样？我就笑了：他没有变，但是你却变得要求高了。两个人要相伴走一生，烦人的事还多着呢。

男女因为相爱，所以结婚；而结婚是为了更好的相爱下去，彼此扶持，共度人生。但事情往往并不是那么遂人心愿的，很多人在婚前宽容大度，结了婚却变得吹毛求疵。我们常常会不自觉地逐渐变得像要求自己一样来要求对方，希望他做的和想的都能时刻和自己保持一致。为了追求所谓的“我中有你，你中有我”，我们忽略了自己的婚姻伴侣毕竟是和自己不同的一个人。我们有时候对自己的婚姻伴侣还不如对朋友来得宽容。所以，同样的是相爱，有的人在婚姻中找到了幸福，有的人在婚姻中却尝尽苦头。

既想保持夫妻之间的亲密关系，又不想在婚姻中受到太多的约束，谈何容易！你想想，结婚只不过是把两个原来毫无血缘关系的人用一张结婚证书联结在一起。这个人也许曾经和我们互不相识，甚至相隔千万里。所以，他在认识你以前已经是一个性格、爱好和生活习惯都相当独立的人了；就算是他成为了你的另一半，他也永远不可能是你。保持这一点点清醒，做到至少能像对待朋友一样的来对待自己的伴侣，你就会发现他是你最好最好的朋友。试问，有哪一个朋友会有如丈夫一样永不失去耐心地关心你、照顾你，分担你的忧愁，分享你的喜悦？如果你把他当做朋友，对他多一点宽容、信任，甚至适当的妥协，那么我肯定他为婚姻所付出的努力会比你的朋友对你的迁就多得多。更好地相爱下去，在很大的程度上就是要不断地付出自己的爱，而不只是要求被爱。保持这样的心态，相处和相爱都不是太难。

爱是生活细节中表现出的点滴关爱

尚未谈恋爱的女儿，对父母的婚姻不解。一贯大男子主义的父亲无疑是家庭的“暴君”，而温顺柔情的母亲长期处在被统治被压迫的地位。女儿好同情母亲，私下问母亲为什么不离婚？母亲笑笑说：在我生病时，你爸为我倒过水，并且在我买衣服时，你爸知道我的尺码。很多生活小事他都能帮我一把，所以我爱你的爸爸。女儿还是不解，母亲慈爱地看着女儿说，等你结婚了就懂了。

女儿结婚后，爱情把生活的散文写成诗篇，把生命的内容写成经卷，昼夜吟咏诵念。二人世界天长日久，滋味越来越淡，离美好日子远甚的感觉慢慢来了，一种被生活冷落的心情潜入她的心里。“分手吧。”她冷冷地对丈夫说，“没有办法挽回了吗？”不会浪漫的丈夫只会痛苦地问。她坚决地摇摇头，拎起自己的皮箱头也不回地离开了乏味的家。

几天后他带来了离婚协议书和一张纸片，那上面写的是她从里到外、从头到脚穿戴的尺码。女儿讲究穿戴，一点马虎不得，结婚两年来都是丈夫帮她买穿戴，女儿只是心安理得又无可奈何地接受丈夫这种服务。

妈妈问女儿“你知道他穿戴的尺码吗？”女儿摇摇头，她从来不看重这些婆婆妈妈的琐事。妈妈对她说“女儿啊，大爱无言，就凭他熟悉你穿戴的尺码，说明你在他心中的份量。”

回忆像风，把一些不快的往事吹得无影无踪。回忆又像一把筛子，为她筛选了那些可贵的留存的东西。在回忆和现实的交错中，她一夜无眠。第二天，她拎着皮箱回家了。

有时，能令人绝处逢生、峰回路转的事，就是一点点细节而已。以后她常在商店为丈夫挑选服装，熟悉丈夫的尺码，就像丈夫熟悉她的那样。婚姻生活就像把黄色的美酒与红色的佳酿混合在一起，产生一种好比朝霞似的橘红色，浓而不腻，艳而不浮，你中有我，我中有你。关注对方的喜好，了解对方的品位，并真心为对方送上这种看似细

小、平凡的关爱，就是浓稠爱情，牢固婚姻的关键。婚姻中的爱情，最心动的地方，也最容易被人忽视的地方就是那些小小的生活细节。

婚姻中的七项艺术

有些家庭缺少幽默、亲昵、情话、沟通、欣赏、童心和浪漫情趣，夫妻间若能拥有这七项艺术，就能使家庭生活幸福甜蜜。

幽默　许多人把喜欢开玩笑看成是油嘴滑舌，办事不牢靠。认为夫妻间讲话求实在，用不着讲究谈话艺术，殊不知幽默能缓冲矛盾，增加情趣，让一家人其乐融融。

亲昵　许多夫妻视亲昵为黏黏糊糊没有正经，是轻浮之举，其实亲昵对提高家庭生活质量有妙不可言的作用，长期缺少拥抱亲吻的人容易产生“皮肤饥饿”，进而因感情饥饿发无名火等，所以夫妻在出门前拥抱、接吻，回家迟到

的人不妨拍一拍正在忙碌的另一方的“马屁”等等。

情话　一些人太注重含蓄，一有情话就说成“肉麻”，殊不知肉麻正是感情调动的反应。每人每周想出 1～3 句情话，让对方肉麻一下，这种“有电”感应会让人回味无穷的。

沟通　有的夫妻常把意见压抑在心里边，不挑明还美其名曰“脾气好、有修养”。其实，相互闭锁只能导致误会加深，长期压抑等于蓄积恶性能量，一旦暴发，破坏性更大。人们不时可见一些平日相处不错的夫妻一旦吵架，就

翻陈年旧账，结果“战争”升级，导致劳燕分飞。正常的夫妻是每日有意见，应当日讲究策略地说出来，并经常主动地了解对方有什么想法，吵吵小架也不一定是坏事，毕竟它也是一种沟通或说理的手段。只有每日把问题都讲透彻，以后吵架也就不会翻陈年旧账了。

欣赏　人们常用欣赏的眼光看自己的孩子，所以总觉得“孩子是自己的好”，又因为常用挑剔的眼光看配偶，所以总认为老婆（丈夫）是别人的好。例如，一方全身心扑在工作上，另一方既可以欣赏说他（她）事业心强，也可以指责“一点也不把家放在心里”。这说明用不同的眼光去看同一件事情，结论会大相径庭。假如你能举出配偶许多优点，你就等于学会了爱，假如你能举出配偶许多缺点，你多半是缺乏欣赏眼光。

童心　许多人对中老年人手舞足蹈、载歌载舞的举止不理解，甚至斥之为“精神病”，这些人忽视了童心未泯能增加许许多多生活情趣，只有童心不泯，青春才可常驻，爱情才可历久弥新。所以要多保留一点天真、单纯、好奇心，

多拥有一点爱好，多玩一点游戏，不管是中年、老年、正当年的人可以回到家，门一关就当最好的大孩子。

浪漫　不少人太注意实际，缺少浪漫情怀，以为浪漫无非就是献花、跳舞，那既浪费钱，又浪费时间。其实浪漫不一定要花钱，如全家人散步、游玩、房子重新布置等，浪漫有很多形式，内容丰富多彩，关键是你是否想去做。

婚姻十忌

一忌 只渴望保持爱情，忘了自己的责任和应尽的义务。

二忌 不注意说话方式，伤害对方的自尊心。常以批评、指责、教导、不耐烦的语气指责对方。

三忌 对自己的伴侣要求过高。

四忌 把金钱看得过重，对家庭开支斤斤计较，过着守财奴式的生活。

五忌 喜怒无常，高兴时把对方捧上天，生气时把对方踩在地。

六忌 过分娇惯对方，使对方产生“被宠才是爱”的错觉。

七忌 心胸狭隘，常为鸡毛蒜皮小事生闷气。

八忌 当家庭生活出现矛盾时，向父母和他人报告后因外力干预而使小事变大事。

九忌 不善于处理家庭和外界的关系，常把单位的不如意带回家里，向配偶和子女发泄。

十忌 经济上宽待自己的家人，严待对方的父母。

婚姻维护八规则

规则一　“诚信”是维系婚姻的最重要的基础和前提，没有诚信就不可能有协调的婚姻。

规则二　要爱自己和不断完善自己。相信自己有可爱的地方，有吸引配偶的能力，同时要不断完善自己，获得外在美和内在美的统一，才能保持恒久的吸引力。

规则三　自愿选择伴侣。找到真爱的秘诀取决于自己的感受，不能因迫于家庭压力、缓解孤独感、解决经济生活的需要，或从众行为等来决定爱情伴侣。结婚不能草率。婚姻建设需要持续一生，是要付出耐心、资源、技能等的一个过程。

规则四　夫妻双方要共同成长。夫妻相互为对方带来新知识，彼此帮助，发掘潜力，超越自己，在更成熟的心态下与人相处。

规则五　“尊重”和“宽恕”是维系良好婚姻的重要过程。任何一方不应把自己的志趣、爱好、习惯以及价值观等强加于对方，而应通过正常的交往寻找共同点或模糊差异。“宽恕”是对家庭这一特殊的社会环境中所发生的事，要用更宽的尺度去衡量，避免苛求。对于双方各自存在的问题甚至错误用善于使用饶恕这一武器，不记成账，不系疙瘩。学会沟通和谈判，这是保持关系畅通和活跃的重要方式。

规则六 在婚姻面临挑战时共同面对生活。当一个人脆弱的时候，另外一个人应该帮助他坚强起来，共同分享成功和苦难。

规则七 精心呵护情感才能百年好合，这就需要持续的关爱。什么时候关爱停止了，感情便会逐渐淡化。结了婚不能说她（他）就永远是你的人，还要会珍惜你所爱的人，结婚不是恋爱的坟墓，而是恋爱的更深一步。

规则八 不断更新才能天长地久。永远的幸福就是能够保持新鲜活泼的感情关系，如果有一部分失去了，你要再找回它，如果破坏了，你要修复它。必须经常注入新鲜活力。

危害婚姻的八种不良现象

不良现象一：互相猜疑 如“这么晚了才回家，你和谁约会去了?”妻子给丈夫的空间太小，反而会引起丈夫的反感。反之亦然。

不良现象二：以性为罚　女性用拒绝性行为的手段来惩罚丈夫，这是很不明智的做法。

不良现象三："离婚"威胁　不能一有小矛盾就叫离婚，这样给对方的伤害会很大，加深矛盾。

不良现象四：改造对方　夫妻间一人有一种习惯，不能互相指责，只能通过沟通让对方理解，两个人慢慢地向对方靠拢，就会找到一个新的结合点。

不良现象五:一味索取　双方都应记住“有付出才有回报”,不能老靠着一个人付出。

不良现象六:恶语伤人　如夫妻俩开车出游,女方叫“你有病呀,这样超车是要死人的。”对很亲近的人说话也要有礼节。

不良现象七：忽视丈夫　有了孩子之后，妻子只顾孩子，忽视丈夫的需要。

不良现象八：长期冷战　有了矛盾要学会交谈解决或沟通想法，冷战只是思考问题的方法，不应演变成解决问题的结果。

七种夫妻间游戏

夫妻间如有空余时间，可玩以下提供的游戏，它能带来更多的性爱色彩与乐趣，只要双方愿意，两情相悦即可进行，不能有所勉强。

一激情摄影 两人之中，其中一人先扮演摄影师，另一人当模特，后者必须任由前者摆布，然后做出对方所指定各种撩人的姿势，在灯光下尽情展现属于你自己的性魅力。轮流拍摄会让彼此更能抓住对方闪光点，过后在电脑上共同欣赏，看过后再把它洗掉，这只是游戏。

二脱衣舞 在家中调暗灯光，在朦胧中穿出你最性感的服装，播放出令人神魂颠倒的美妙音乐，为你的伴侣展开一场再原始不过的舞蹈，也可跳双人舞。

三蒙眼试吃 做好一桌菜后，让配偶蒙上眼睛坐到桌边，一人喂食，叫"好吃猜一猜"，此游戏曾在国外闻名一时。

四爱抚试猜 一方蒙上眼睛，另一方运用家里任何可以找到的大小物品，来爱抚伴侣敏感的裸体，看看他能猜出多少件。

五陌生重游 一人先进入酒吧，另一人假装不认识对方，并与对方搭讪，像是揭开一场美丽的初恋。你可以试一试哪些开场白更能吸引对方，尽情独享伴侣给你的意外回馈。

六交换性别　就是男人装扮成女人，女人装扮成男人，互相演一段戏。这能使双方都站在对方的立场去考虑问题，在玩笑中解决平时难解决的问题。

七问答题　两个人准备一些相同的小纸片，各自在上面写下一个个曾经偷偷渴望或好奇过的性行为，以及平时想解决的问题，写好后折成小方块放入帽子或大碗中，摇匀后随意抽出一张，两人共同讨论上面的主题。此法对分享彼此的欲望，解决各自的难题非常有效。

用于夫妻僵局的特殊情书

当夫妻关系恶化已成僵局时，可利用写特殊情书缓解矛盾，它能使你充分地表达和了解自己的感觉，并以爱的方式与配偶沟通。此方法很有效，应该试一试。

特殊情书必须按顺序从5个感觉方面写：①气愤；②伤心；③害怕；④后悔；⑤爱。每写完一种感受后要停顿一下，充分唤起下一种感觉后再写。

首先把造成僵局的原因，你气愤的事或话都写出来，最好一点也别漏掉，再把令你伤心的事写出来，这些事会引起怎样严重后果，把你害怕出现的后果一一列出，然后再写后悔自己做了那些事，才促使走向今天这个地步，最后写你是怎样地爱他、当初是怎样地迷恋他……“我感谢你……我知道……”等等。

将这封写有你5种感觉的情书交给你的配偶，让他充分了解你的感受，相信这份特殊的情书会触动他的灵魂，唤起他的爱，纠正他的错误，缓解夫妻的矛盾，使夫妻更加恩爱。

培养“性智慧”四个方面

• 关怀和培养配偶的良好感觉。有些人似乎把性当作是生理需要的发泄，丝毫不考虑对方的情绪压力，因此关心对方的喜好，营造一个性感、浪漫的情绪氛围是成功的第一步。

• 注意力集中，用心体会爱的感受。如果一个人想着明天股票行情，另一个则想着一大堆衣服还没洗，那么爱的感觉就达不到巅峰。

• 情绪调节：男性喜欢女人的热情，女人喜欢男人的亲密关怀，要激情与亲密关怀相结合才能共同幸福。

•“性商”是指一个人在性方面的综合能力，包括性渴望度、勃起功能、持久能力、性爱频度、性互动能力等多个方面。其中性的渴望度和吸引异性能力即性互动能力是最重要的。

不同年龄的妻子对丈夫的不同要求

20 多岁的妻子喜欢浪漫，感情热烈，同时又尊重自己，珍视自己，有智慧与才能的丈夫。

30多岁的妻子要求丈夫：经济稳定，有责任感，既能当好父亲，又能分担点家务，夫妻是一种男女平等的密切关系。

40多岁的妻子要求丈夫：对性爱有较高的要求，喜欢善解人意、情深义重、生活上成为最佳合作者。

50多岁的妻子要求丈夫：不是爱情而是柔情，在日常生活中能够互助，情感上也是忠诚的合伙人，具备幽默感，懂得生活，身体健康。

给丈夫一点母爱

女人常在丈夫面前撒娇，这习以为常也很幸福，男人其实也很脆弱，只不过迫于世俗对男人的苛求，男人才被戴上了一副刚强面具。女人若能像慈母一样，意识到男人在外面打天下很不容易，为丈夫做几样好菜，关爱询问其有什么委屈尽管说出来，这样心里会好受些。对于男人的倾诉不能轻视，要给予安慰和关怀，并在生活上给予支持和鼓励。当妻子把慈母般的爱意传递给丈夫那颗疲惫的心时，就会发现丈夫粗犷而又严肃的脸上还有几分儿童般的稚气。从此丈夫也不再掩饰他的成功和喜悦、失意和挫折。妻子时时留意丈夫的喜怒哀乐，在他需要的时候给他温馨的母爱，丈夫在有母爱的滋润下一定会走向事业的辉煌。同时，也会变成宠爱妻子的好男人。

有时关爱比药更灵验

讲一个故事。一只非洲狮在两岁时，空运到新西兰动物园。一次在吃小鸡时，狮子的喉咙被鸡骨头卡住了，逐渐发炎、肿胀，无法进食。本来只需打几针抗生素药就会好的，可这只小非洲狮就是不见好。动物园请了全国所有的兽医，其仍不见好。于是在网上发布求救信，好心的网友们提了很多建议，最后一名 12 岁的小女孩说：每天用手去摸摸小非洲狮的头，这样它也许会好得快些。并举例说，她曾收养了一条流浪狗，小狗已经快要死了，吃不下东西她就每天摸摸小狗的头，不久小流浪狗就能吃东西很快好了。动物园的兽医像发现新大陆一样惊喜，就每天去摸一摸小狮子头，对它说话，很快就发现小狮子一天天好起来。这说明关爱比药更灵验。人的生活中不难发现，失去爱的人易生病，得到爱的人病了也好得快。

丈夫了解妻子婚姻才稳定

一项调查发现，离婚事件中 62% 是由妻子提出的。这与男人不了解妻子，不懂得经营感情有很大关系。

男人多以为老夫老妻了，不用每天把“感情”挂在嘴边上，大男子气越重的人越容易忽视妻子的情感要求。而中年职业女性大多数生活独立，在经济上对丈夫没有什么依赖，在情感上对丈夫的需求就相对增加，此外学历越高的女性在情感上越敏感、细腻，更加在乎丈夫是否体贴和关怀自己。

因此，丈夫们必须学会经营感情，了解妻子最想听的话是什么，最让她心烦的事情该怎么处理……经常询问一下“你有什么事需要我做的?”发现妻子唠叨时，要回答“我知道了等我有空时解决”；发现妻子脸色不好，不想做家务时，要询问“有什么难处要我帮忙”；平时尽可能地做些让妻子高兴的事。只有了解了妻子，双方达到无话不谈的地步，婚姻才能稳定牢固。

爱，就用身体说出来

用身体道歉是人们常用的方法，当夫妻双方都很倔强，为一点小事吵起来后，谁也不愿先认错。这时怒火中烧也是性爱强有力的发动机之一，此时候动手绝不是报复，而是为了更好地缓解愤怒情绪。例如一个女人的自述：前几天为了谁洗碗这样的小事我们吵起来，到后来竞演变成冷战，我们躺在沙发上，谁也不肯妥协，半小时后，我看他还在生气，我的火又上来，忍不住一巴掌打到了他的腿上，为了避免我继续“骚扰”，老公从背后抱住了我，我不停地挣扎，他却越抱越紧……最后吵架变成了游戏，我们都忘记了吵架的事情，等回过神来，已经气喘吁吁地躺在床上了。所谓“床头吵架床尾和”，这就是用身体说抱歉的道理。

婚后的调情

许多人认为一旦成为夫妻都是自家人了，就无需再讨好说情话了，在婚后表达感情反而觉得忸忸怩怩。所以很少对爱人说一些甜蜜话，很少去想对方需要什么，常常觉得与对方聊天是浪费时间，喜欢一个人做事，不愿与配偶商量，认为故意取悦对方是庸俗。对方做了一件自以为得意的事，你却不以为然，觉得没有什么了不起，不值得沾沾自喜。遇到了矛盾和问题，夫妻俩经常生闷气，从不向对方认错，不知道对方目前的苦恼，对方生气时常常置之不理。有许多话不愿和对方讲，很少去深究对方为何总是情绪不好……

调情是婚前婚后的必备之事，男人是调情过程的主导，一般男人在看到喜爱的女人之后，受内分泌驱动向她发出爱的邀请，企图获得青睐。而掌握整个过程大权的是女性，女性会对心仪的男性传递讯号，鼓励对方向自己发动追求攻势。

肢体语言最易运用。在俩人独处时，不妨以小动作增加两人接触，或轻拍他的手背表示赞同他的意见，在他耳边细语，让你俩的膝头不时相触……适当的调情不仅可以重燃初识的恋爱之火，更是治疗“爱情冷漠症”的绝妙良药，不仅能抓住对方的注意力增加亲密度，而且能让伴侣了解你的需要。如果你生性保守内向，就央求对方帮助是第一守则，在对方面前表现柔弱，要求帮助能够增加彼此的生活情趣。总之调情能对爱情带来正面影响，使你的婚姻幸福美满。

解决婚姻矛盾方法

再美满的婚姻也会出现意见分歧、误会、隔阂、猜疑、伤害等小矛盾，要及时发现，及时化解。只要我们对婚姻多一点细心和珍视，对爱人多一份宽容和热情，对婚姻的和美多一些关注和投入，有时向对方低个头，说几句软心的话，做一件让人心热的事，两人的冷战和冲突就会立即化为玉帛，家中会重新飘荡和谐美满的音符。

家中偶尔会有一些或大或小的“战争”、一些或轻或重的伤害、一些或真或假的敌视，这都不要紧。用一次倾心的交谈、一句诚恳的道歉，给流泪的她递一条毛巾，给赌气的他做一桌好菜，家里的乌云即烟消云散，各自退一步即

海阔天空。

也许经过一些风波，两人的关系会更进一步，也许两人的吵闹正是解决问题的一种方式。只要我们不出现长期而持久地粗心与冷漠，无动于衷与静观其变，大打出手与摔砸东西，就不会酿成无法挽回的玉碎。

幸福的女人是男人培育下绽放的花朵，幸福的男人是女人滋润下成熟的果实，而美满的婚姻是在夫妻双方不图回报的奉献中日积月累的暖巢，这是一条普遍规律。

为什么有人说“婚姻是爱情的坟墓”

不少人结婚时不一定懂得婚姻，一些人把婚姻等同于恋爱，在恋爱时只与相爱的一个人相处，婚姻中却要有作为女婿(媳妇)的能力，作为父(母)的能力，和与各种家庭成员相处的技巧等。人不是全能的，当超凡脱俗的恋爱转变为世俗的柴米油盐时，想要双方担负起丈夫或妻子的知心朋友和家务劳动者等各种不同的角色时，方方面面的问题，如果有一项未处理好，都会产生“婚姻是爱情的坟墓”感觉。

所以，人们在结婚前要有充分的心理准备，需要了解自己的选择，也需要更多地了解对方各方面情况。性爱就像一扇门，不同关系的男女在经过这扇门之后就会变成不同的关系。这不同的关系想来不过是“亲昵”或“尴尬”，本来感觉很好的，却因为性的不和谐而变得别扭；那些本来感觉只是一般的，却会因为性爱的完美结合在了一起，可见性有多么微妙。婚姻是这扇门的房子，是福是祸只有进去了才知道。

还有一种人，感情成熟程度偏低，当他（她）们恋爱时表现得轰轰烈烈，然而婚后不久就会吵吵闹闹，最后的结局是各奔东西。曾有一位多次婚变知名人士说"我只能谈恋爱，但不能结婚"，这一般是他（她）情感成熟程度不足以维系正常婚姻家庭的需要。

婚后男人易犯的错误

女人成了男人发泄欲望的对象　性爱之后不是呼呼大睡就是立刻去冲洗。这样给妻子的感觉是当性爱结束，男人的温情也就结束了。需要时一口一个"宝贝"地叫，不需要时扭身就走。特别是冲洗，好像性爱之事是很脏的一样，这让女人感到既失望又愤怒。

女人很喜欢在激情的性爱之后，说点性感觉之类的话，就是一点关心、问候、安慰的话都会让女人甜蜜入心。如果不想说什么，就帮女人擦一擦精液，盖一盖被子，整理一下枕头、床、衣服、头发等。1～2 分钟的关爱动作，都会让女人感觉丈夫非常疼爱自己，特别会体贴人，成熟强壮，像个护花使者，可以终身依靠。

当然男人在极度兴奋之后是非常想休息的，对于特别爱干净的男人来说，也恨不得快点冲洗早点睡觉。这一切

女人应该理解，尽量宽容，逐步调整适应。

答应了却迟迟不见行动 男人一般不愿与女人斤斤计较，对于女人提出的家务之类芝麻小事，男人心里很不情愿，嘴上也不愿与女人顶撞。只有“好好好、行行行”之类的支应声，过后肯定是忘在脑后，或者尽量往后拖。女人见了，没有办法，又看不惯一些脏物摆在那里，只好自己动手做了，这正是男人想要的结果。如果女人一生气，吵了起来，男人就会认为妻子有点小题大做，这点小事用得着发这么大的火吗？

对于这类的家庭矛盾专家认为，男人，只要你热爱家庭生活，就不应该只沉迷于自己的爱好之中，对于家务，能做就多做一点，不能做就应请妻子谅解、多多包涵，不能敷衍了事。因为妻子和家务，这是每天都要面对的，躲了今天躲不了明天，争吵总是要出现的。只有双方商量大致有个约定，才能解决问题。男人只能对外面的小事敷衍一下，对妻子是不应该乱应付的，否则双方的感情就会受到伤害，小事变成大事。

总认为妻子是在唠叨 全世界的女人都爱对信得过的人诉说衷肠，很早以前的女人居家无工作，为了排解孤独，就会相互串门交流。所以女人比男人更早尝到倾诉和沟通的好处，“隐私热”的主角大都是女人，女人常对丈夫诉说怀念的过去、美好生活的展望等等。希望丈夫参与到自己的梦想中，这会让她感觉自己的男人是与自己心连心的，融为一体的。而男人在外工作，“言多必失”的保护意识使其沉默寡言。所以男人多数不爱表达自己的内心。对方也认为，男人应该是深沉内敛的才更可爱。因此男人觉得女人很多的表达无关紧要，可听可不听，和女人说理越说越说不清，小事也吵成大事，还不如不理。听见老婆说话就认为是唠叨个没完没了，等到上了年纪才发现和一个有说不完话的人在一起是一件多么美好的事情，如果妻子对你连说话的兴趣都没有了，说明她的心已经游移远去。

夫妻间没有多少信用可讲　男人在高兴时常爱承诺妻子买很贵的东西，等到兴致一过，就把自己的承诺忘到九霄云外，其实男人常把自己的愿望当承诺说出来的，结果在实际中根本无法实现。给妻子留下一个不守信用的感觉。这是男人应该注意改正的错误，女人也应该清楚男人的实力，有些话不必过于认真，也可提醒他是愿望呢，还是现实即可办到的。

在性爱时说出工作上的事　男人整天忙着工作，有时在做爱时由于兴奋，话也多了，头脑一热，突然想起店里的现金还没有取回来，随口就讲了出来，结果妻子特别扫兴，差点中途放弃，最后只好草草收兵，不欢而散。有时候男人把性当成了周末功课，不太重视也没有细心的准备，所以大脑还停留在自己工作之中，一不小心讲了出来，伤害了女人的自尊心。她们会认为自己魅力不够，不能完全赢得老公的喜爱，这一点已婚男人都要注意。

觉得一切可以在床上解决　男人很爱面子，做错了小事后常不愿意向妻子认错，只是好话哄一哄，赶快上床表示“爱”。他相信只要到了床上，一切事情就好解决了。每次和妻子发生矛盾，当妻子还在暗自伤心时，他却嬉皮笑脸的凑过去，甜言蜜语地把妻子往卧室里骗，如此重蹈覆辙。

性爱虽然能减轻伤感，但不能解决根本问题。妻子会说“你从来不正视问题，连对我说句对不起，承认错了都那么难吗？你若不认错就改了那些小毛病也那么难吗？”

男人不仅爱面子，还认为一切都是没有什么大不了的，采取逃避、掩盖、忽视的态度。在女人们看来，表面上是风平浪静了，但明天问题又会照旧，一切矛盾又要重新开始。所以男人要尝试着说句“对不起”，只有具备了勇于承认错误的勇气，才会有解决问题的能力和信心，日子才能真正安稳平和。

女性婚后易进的误区

把性爱当做经济快餐 不少女人认为与丈夫结婚后，谈情说爱就成了过去时，可毕竟还有生理上的欲望。于是与丈夫过性生活就像是为了果腹而去吃快餐，简单快捷、经济实惠，时间长了对单调的性生活产生厌倦。另外，时间短促没有愉悦的嬉戏，双方缺少情感的交流，也会使你的婚姻患上“营养不良症”。

把性爱当作考核奖励 性生活本是夫妻彼此间心理、生理上的共同需要，可有的女性偏要把性生活的支配权紧紧抓在自己的手里，丈夫也要因此经过她的考核，而且考核内容繁多，标准也由她独自掌握。比如丈夫的收入是不是达到她心中的底线，家务是不是做得让她满意等等。假若她不满意，便可行使"一票否决权"，把性爱当做一种制约丈夫的乐趣，有女皇般的自傲，无法领略夫妻恩爱的美妙所在。

心理老化　在一部分已婚妇女看来，性爱是年轻人的事，一旦做了母亲，看着孩子一天天地长大，再与丈夫翻云覆雨，贪图快乐，是件令人难为情的事。于是无意之中心理对性爱采取了排斥的态度，以至演变成了性冷淡。殊不知这种态度掠夺了你的性爱的同时，也会影响你的健康和性格，减弱你的生命活力，让你真的变老。

婚后更需要调情　一些女人认为婚后是生米煮熟的饭，没有必要再调情。其实夫妻相互调情在促进性兴奋和性生活过程中占有重要地位。调情一方面是促使性器官的发挥，另一方面调情可促使心灵接近和性欲望增强，女人的卖弄风骚往往具有无比的性诱惑力。婚后卧室里的女人含蓄羞涩往往不是优点，易与性无知或性冷淡画上等号。调情的主要方式有语言挑逗、肉体接触，如触摸、拥抱、亲吻等亲昵动作。至于夫妻间喜欢哪种调情方法，那是萝卜青菜各有所爱。

总之现代女性必须改变自己以往的陈规陋习，更新自己的性爱观念，让美妙的性爱使双方内心得到快乐。生活上的压力得到释放，主动地尽情享受生命给你带来的快乐，用你的表情和动作让他为你陶醉，使他用更多的激情回报你，从而使双方都认为性爱是有益之事。

老婆是要给予更多安慰的

当老婆生气不愿意干家务时，当婚姻平淡谁也不想再理谁时，当两人都想到离婚，但婚姻又不是儿戏想要就要，不想要就不要的时候，这时的男人就一定要学会安慰老婆。

安慰老婆的第一要素是表达甜言蜜语、山盟海誓等美好的愿望；第二要素是承认错误、真诚道歉、彼此尊重；第三要素是“撒娇”战术，要求老婆做点小事，给你一个疼她爱她的理由；第四要素是运用性爱技巧，让老婆有满意的接触体验和异性爱意与能力。

一套方法用下来老婆又眉开颜笑，心甘情愿地为男人奉献一切。家里就会烟消云散，又达到和谐美满的双赢状态。

男人爱自由，如同女人爱浪漫。男人不能没有朋友，女人不能没有家庭。夫妻两人在处理家庭问题上男人不能赌气争输赢，更不能固守尊严放不下面子。

其实，女人永远也改变不了浪漫的天性，她们习惯于被男人宠着、爱着，才能乐意操劳做家庭主妇。

男人不懂宽容就会让爱情褪色，双方的猜疑就会让婚姻伤痕累累，男人只有学会哄老婆才能得到家庭的温暖、爱情的蜜意。下面是一典型例子：

【案例】　小强与小红结束了冷战

小强和小红结婚才半年，他们有了结婚就是爱情坟墓的感觉。等结婚的高兴劲一过，为了一点家务事两人闹翻了，变成陌生的房客约有一个月。小强求助于心理医生，经过一番精心准备后，小强喝了一杯酒壮着胆子回家了。一进门就说：好老婆我喝多了你怎么也不关心一下？说着就去搂她，并继续叫着"好老婆"。小红说："去去去……你不是讨厌我吗？"小强说："我向老婆保证，通过严厉的自我批评，我深刻地认识到了我的错误，以后一定改正。我太渴了，请倒一杯水。"小红无奈地倒了一杯水。小强说："老婆你真好，还是你疼我"。小强顺势把她搂在怀时，小红挥动着粉拳在丈夫怀里痛哭起来，一个月的冷战就这样化解了。

爱是需要共同培育的

从情爱到性爱决不能单刀直入，而是需要有个过程，要有一种氛围，这就是意境。没有意境的赤裸裸的性爱，可破坏情深似海的感情。对于女性来说，意境是性爱的温床，而性爱是意境温室中的花，没有充分的阳光、雨露、温度，花朵是决不会开放的。不善于创造意境的女性，她们逆来顺受，完全被动机械，在男性心目中就是千篇一律的，一千次做爱都是同一个感受。实际上女人既是需要意境的高手，也是创造和开发意境的高手。

例如，女性在穿着打扮上，日新月异、亮丽而有风格，在室内布置上，干净、卫生且常有变化。使生活一步步走向舒适温馨，在饮食上，变化多样的美味佳肴。在文艺、体育方面也小有成就，给人以有“灵气”之感。在语言表情上，非常欣赏丈夫，要能“上得厅堂、下得厨房”，要每时每刻想到给对方惊喜、快乐、幸福和安慰。在家庭，女人主要是对男人负责，男人主要是对社会负责。这也是女主内，男主外的道理。

男人要注意仪表干净整洁，语言幽默，见识多广，看问题准确，给妻子一个主心骨的感觉，是棵大树可以依靠。男人要心胸宽广，不计较小事，对家庭有责任感，会疼人，安慰人，善解人意。在妻子生病时或需要人帮助搭把手时，丈夫要能及时出手。好丈夫能够调理出好妻子，好妻子能够辅佐出好丈夫。两人相辅相成，共度人生，共享天伦之乐。俗话说“男女搭配，干活不累”，两个人的能力合一起，可远远超过一个人的力量。两个孤单无助的人，合在一起就能变成两个幸福、快乐的人。这就是爱的力量、爱的源泉，也是上帝赋予爱的天性。

衷心祝愿每个人都会培育爱情之花，享受爱情之乐，有情人终成眷属。

丈夫的功能

养家 自己的收入除个人花费之外，一般要节余一半用于养家。

能问寒问暖 学会说一些能让对方高兴的话，并会观察对方的表情，做知心朋友。

学做一点家务　在对方生病或累了的时候能够照顾她，扶助她渡过难关。

改掉一些不好的习惯　如不讲卫生、吸烟、喝酒、赌博、说脏话、打人等对方不喜欢的坏毛病。

了解性爱知识　做一个技艺高超、功能齐全的能手。

无性婚姻

夫妇间没有生理疾病或意外，却长达一个月以上没有默契的性生活，就是无性婚姻。

据有关抽样调查数据显示：无性婚姻占已婚人群1/4的比例。而在最近一年里连一次性生活都没有的则占6.2%。

婚内无性，研究者们分析主要有4个原因：①性知识的缺乏和性技巧的单一。比如不恰当的时间或不恰当的地点，单调的姿势或乏味的氛围。②工作压力过大，生活节奏太快等持续超负荷运行，环境的恶化与污染，食物质量的下降，引起人体激素分泌失调，进而导致性冲动减弱。③喜新厌旧。④感情不和，常讨厌对方，但因经济的原因，又无法离开对方。

性爱在婚姻中的作用是：它是巨大的镇静剂。做爱时，人可释放一种叫啡呔的物质，它是一种天然的镇静、镇痛剂，能给整个神经系统创造一种轻松、无虑的内环境，从

而提高免疫系统功能，使抗病能力得到提高。所以说无性婚姻，起码对健康来说是一种不利因素。

【案例】 “名义夫妻”小珍和小杰

小珍和小杰是经亲戚介绍认识的。小珍漂亮、能干，从农村来到城市，虽然能吃苦耐劳，日子也清苦。小杰没有多大本事，有父母的照料日子过得较富有。小杰喜欢小珍漂亮、本分、能干。小珍只想找个依靠，日子会好一点。婚后，小珍抓着全家经济，省吃俭用。小杰有点大手大脚，粗心大意。结果婚后才二年，小俩口吵架直到动手伤了感情。双方没有了性的情趣，小珍不想离家出走，只要掌握着经济大权也感觉能呆得下去。小杰看着小珍漂亮，就算是给自己撑门面也愿意保持这种空头夫妻。他们的儿子很漂亮、懂事，能看出父母的脸色，在中间起撮合作用。小俩口常单独行动，妻子在家时，丈夫就借故到外面与光棍朋友喝酒吃饭，很晚才回家睡在沙发上。妻子常跟儿子一起睡，不知道丈夫的行踪。一来外人，小俩口能紧密配合像恩爱夫妻。对外从不承认自己是名义夫妻，这种无性夫妻已经维持了十多年，终于有一天因妻子爱唠叨来到心理咨询室，心理咨询师看出他们的性生活有问题。因为一个家庭若没有正常的性生活，妻子就会为很小的事情生气、吵架、唠叨和没有好脸色。而丈夫往往会汹酒、吸烟、不经常在家呆着，外面任何一点小事都能留住他，家变成了旅馆。初步询问，小俩口都否认“名义夫妻”，经分开单独询问，他们才讲出了实情。医生分别对他们讲述性生活的重要性，小俩口都很惊奇，难道“性”有这么大的作用？小俩口都愿意试一试。很快俩个人的问题都解决了，夫妻恩爱也不吵架了。

当男人面对妻子的背叛

男人面对妻子的背叛，常常选择离异，赶女人出门或大打出手。他没有想到妻子是受骗上当还是被迫屈从。更没有想到自己有什么过失，让妻子有一时的失足。讲述一个真实例子。

【案例】 小芝的婚外情

在小龙积极努力的追求下，小芝与小龙结婚了。婚后一年儿子出生了，由于小俩口的工作都很忙，儿子小又无老人帮带，小俩口忙得常有些怨气而发生口角。小龙脾气不好，常为一点小事就打人骂人，有时小龙打了妻子后却能呼呼大睡。妻子气得想拿起菜刀把丈夫砍了，又一想万一他受伤醒了又把自己打一顿怎么办呢？离家出走吧，到办公室去住。小龙常到办公室里求小芝回家，小芝的心一软就回家了。没过多久又被打出门，反反复复不知道何年何月才是头。小龙与小芝的工资都放在一起，小龙花钱时，小芝若有一丝的意见，小龙立刻就恶狠狠地骂“抠得很”，吓得小芝不敢再说了。如果小芝想买点衣服，小龙一个不同意，就没有戏了。所以家里的财政权基本上掌握在小龙手里，小芝等于是工资全交、家务基本全包、天天看小龙脸色行事，旧伤未好新伤又添。一次小芝又被打出门了，办公室里已有他人值班，不能再去了。无处落脚的小芝想随便在外找个男人，也比自己的丈夫强。小芝翻一翻口袋没有一分钱，确有一张舞票。这票是几天前单位组织的活动，小芝因有事未去而留下的。小芝进了舞厅，一个高大的男人自称是舞厅的老板，请小芝跳舞。那人吹嘘自己怎么能干、怎么会挣钱，这吸引小芝想了解他是怎样起家的。没多久，那人走进了小芝的办公室，陪小芝一起值班。最后那人承诺，给小芝 20 万元之后就带小芝一起走，小芝同意了。有时小芝也想到，还没有时间去了解这男人讲的是否属实，万一他是骗自己的怎么办？想到这里小芝的心情像落入万丈深渊一样难受，只好赶快控制自己，不要往这方面想。又想到反正是他交了钱，我才跟他出走，自己还担心什么？这样的想法，小芝的心情又好转起来，没有时间也没有精力去了解那男人讲的是真还是假。每天除了上班，一下班就必须带孩子，晚上又有丈夫在家，基本没有单独行动时间。有一天晚上，那人突然打电话请小芝去他家看看。小芝把孩子安排好就去了，那人问“你愿意嫁给我吗?”小芝点点头。那人就开始动手了，小芝想男人也许都有试婚的想法，就没有反抗。那男人许诺，第二天就取钱给小芝办离家出走的事，让小芝回家等着。小芝回家后，那男人就没有影了。一周后，小芝开始发现白带增多、腰酸腿痛，感觉自己很脏，怀疑自己是否得了性病？输液、打针、吃药几个月，也觉得没有痊愈。这时，小芝才痛恨自己一时失足成千古恨。托熟人，借助公安的力量，经过几个月的调查，才查清这人是曾经劳改过的大骗子。不知道骗了多少女人，最后还是抓住了他，并给予了应有的惩罚。小芝的病情才从心理上和身体上痊愈。

小芝在外跌了这么一个大跟斗之后，才知道人世间的险恶。回头看一看自己的丈夫，虽然霸道点，但他是真心跟自己过日子，也关心自己的人。小芝开始爱丈夫了，说来也怪，此时的小龙也不再打骂妻子了。他们又开始了像初恋时的甜蜜生活。

英国一位女诗人写的一首诗：

我们有男人，但我们的男人却没有灵魂，
他们冷漠无情，不断踩灭我们的本能之火。
留给我们孤独、冰冷。
我们只有扮演妻子的份，
而没法做一个真正的女人。
我们要么眼看着自己枯萎，年华黯然失色。
要么去偷情，品尝一口激情的滋味。
……

在没有热情和关怀，又没有性生活的婚姻中，是不容易守住贞操的。女人用寻求外遇来解决感情饥渴固然不对，但饥渴是男人制造的。

男人骨子里的大男子主义，总觉得没有必要像哄孩子那样去呵护女人，时间一长，夫妻关系变成了朋友或上下级关系。这就是女人背叛的根源。请相互宽恕吧！男人只有学会爱女人，双方才能珍惜现在，共创美好未来。

把丈夫盯得太紧是依赖性太强

您好！

我找了一个非常优秀的丈夫，所以觉得自己越来越缺少安全感，许多个不眠之夜，使我相信“好东西你喜欢、别人也会喜欢”，所以每当过了钟点他未回家时，心里就特别想念他，也怀疑他是不是去哪里了？是不是在骗我？我就会一遍遍给他单位打电话，如不在我就打他的手机，要他赶快回家。回来后我还要他交待去了哪里，和谁在一起，为什么这么晚才回家？每一次丈夫都耐心地解释迟回家完全是为了工作。他很爱我，不会做对不起我的事情，要我不要东想西想的。

我也相信丈夫说的是实话，但我无法控制自己，这种不安全感越来越强烈，如果他未按时回家，我就特别生气，话也越说越刻薄。后来他不耐烦了，狠狠责备我，甚至有意迟到回家。眼看着我就要失去丈夫了，您说我该怎么办？

心理咨询师回答：

不论男女，性爱与情爱欲望强烈往往源于如下的心理动因。性爱与情爱活动可以提供一种刺激，这种刺激可以填补内心深处的不安全感，可以满足强烈的依赖需要，所以他们需要经常地保持性爱与情爱的接触。相对而言，女性更多地表现出依赖性，于是男人成了女人的靠山，女性几乎失去了自立的能力。所谓爱是女人的唯一，与其说是女性对男人的钟情，不如说是女性对男人的依赖。女人对丈夫的感情回报期望太高，也加重其不安全感和依赖性。当然这都是潜意识里的活动。

人们一方面需要与他人建立密切的关系，同时也需要心理上的自由，需要一定的独享的心理空间。夫妻关系本质上不是"藤缠树"，而是两个独立的人，你爱对方，就该给对方足够的心理自由度，不能指望天天靠在甚至缠在对方身上过日子。所以要让自己成熟起来，最大限度地减少依赖性，培养独立性，让自己成为不用靠在男人身上也能够独自站立的人。

成长的方法是：建立生命的多个支点，人生在世本来就是靠多个支点才能自立于世的。比如亲情、友情、事业、爱好等等。找到多个生命的支点，你就有了独立的资本，也增加了女人的魅力。爱情是靠力量的吸引不是靠捆绑与盯紧。如《中国式离婚》电视剧中就是女主人对丈夫盯

得太紧、依赖性太强，把丈夫推了出去。婚姻这个支点会使双方都感觉快乐，如果你真爱对方就想办法让他快乐，让他感觉到你对他最好、最温柔体贴、最宽宏大量、最忠实可靠和最多姿多彩。每周都有新的内容、新的惊喜，他就会认为你永远是最优秀的，一有空余时间就会靠近你，给你爱和温暖。

家庭暴力分析

一个家庭，男人一般力气大，是强者。女人通常力气小，是弱者。

大丈夫常有“老婆不打不乖”的观点，所以稍有不如意就出手打人。而女人为了维护孩子“要有一个完整的家”，加上女人多不易移情别恋。所以为了减少丈夫的打骂，尽可能地把家务等各项事宜做得好一些。这样也正好应验了丈夫那句话“老婆不打不乖”之说。当丈夫越打越得意、越打越重时，女人的忍耐性也已达到了极点。

女人在被打之后，生气的程度要比男人大得多，原因是：①女人没有打人的习惯，一旦被打会记仇。②女人无能力反抗，不像男人，有能力把“挨打”变成“对打”，以此来控制对方继续打人。女人在没有外力的援助下根本无法制止男人动粗，又有“家丑不可外扬”的想法，所以女人面对暴力常束手无策，大有“伴君如伴虎”的感觉。随之不敢在家多说一句话，家庭的温暖、性爱的甜蜜都被一扫而光。

家不再是休息的港湾，而是比上班还要累的“虎穴”。有时女人为了维护家庭，对孩子也假装不再生气，继续做家务，但内心的阴影和痛楚是难以消除的。这时的女人已从弱者转变成女仆的角色。为了摆脱困境，她选择的会是离家出走或离婚。男人的天性是不允许女人抛弃自己的，他会千方百计地控制对方为他服务。他可能用好话连哄带骗，也可能用武力威胁或用关系网制约等。总之他会使用软的、硬的、道德的与不道德的各种手段来控制对方。当对方被逼得甩也甩不脱、跑也跑不掉、活也活不好之时，就会用同归于尽的方法。也可能出现自杀以示清白的意识。所以在女性杀人犯中，半数以上是情杀犯罪。在女性自杀者中，绝大多数是被情所困、为情而死。更多的有知识的女性，就会勇敢地拿起“法律”这个武器，用离婚来寻求永久的自由。

男人有时要问：一个家庭那里会没有磕磕碰碰。那女人“头发长、见识短”，不听话，惹你生气怎么办？我们可以用讲道理的方式说服对方，也可用“冷战”或“回避”的方法让双方都思考一下再交谈。就算是无法说服、不了了之也比动粗的好。

在一个家庭里爱应该是主旋律，应不断去接受或适应对方的方方面面。如果男方能改掉一些坏毛病，如烟头、烟灰不乱丢，女方需要考虑自己能否也改掉一个“唠叨”的坏毛病。总之，条件可一个一个地讲，关系可一步步融洽，吵架也是讲理的过程，就算是吵到要离婚了，也不能动手打人。这是原则。成熟的男人应该会控制自己，彻底消除家庭暴力。

解决“家庭冷暴力”的方法

家庭冷暴力是指用冷淡、轻视、放任、疏远和漠不关心对待对方，将各种交流降到最低限度的状态。懒于做一切家庭工作，同床异梦，停止或敷衍性生活，连续几天的家庭小矛盾。这种状况持续一个月以上即为家庭冷暴力。

解决方法：

• 用其他方式交流，如写特殊情书、发短信、打电话、告知家中小事等。

• 可以从孩子的学习、工作、生活等话题逐步交流。

• 先说些无关紧要的话题，暂时不提两个人都不愿说的话题。

• 妻子在丈夫眼中永远都是弱者，丈夫总有想保护妻子的责任，妻子可迎合他，比如要求丈夫抱一下，时间长了两个人的感情会大有改善。

在暴力家庭长大的孩子

您好！

我的家境一直不好，父亲脾气很坏，经常打我，也与母亲吵架。他尖刻地把我们说得一无是处，让我们无地自容……

我恨过这个世界，恨过生活，恨过很多人，甚至想过自杀，这种生活生不如死。但我没有做傻事，我要活着，要长大，要报复，报复父亲，报复每一个把我伤害得鲜血淋漓的人。

记得在中学时，我考试的分数与同伴一样好，同伴回家得到表扬还有一个鸡蛋吃。我却得到了一顿臭骂，还挨了几下打。

我努力读书，如愿考上了大学，终于可以平静地面对父亲了。可是我发现自己的心境完全变了，他给我的伤害已经造成，如果再去报复，岂不是在做一件和他曾做过的一样残忍的事情？

可是他给我的伤害，造就了我现在的性格冷漠、怯懦、悲观、多疑、敏感、脆弱。我很孤独，常和别人格格不入，也有人说我霸道。

我明明知道这些不好，可是我无力改变，常常觉得绝望……

心理咨询师的答复：

有一个故事，两个人徒步旅行，一个人偶然在地上发现一百元钱，于是一路上都在低着头找宝贝，错过了沿路的风景。另一个人却一路饱览景色，心旷神怡。

现在你就像那个执著寻宝的人一样，被过去的伤害紧紧挡住了视线，而错过了人生道路上的许多美丽景色。

一个人成长的力量是巨大的，现在你已经能平等地面对父亲，伤害在逐步减少，甚至消失。就忘掉过去吧！

要想到父亲是“望子成龙、严师出高徒”，或他不是十全十美的人，但他毕竟在外拼命挣钱养大了你，就算是功过抵消，也应该原谅他。

今后的路还很长，还会遇到很霸道的领导或很粗鲁的客户，世上的人多种多样，好人、坏人比比皆是。我们不可能改造他们，我们也会不可避免地遇到他们，我们必须学会与各种类型的人相处，才能快乐地生存于世。

当碰到那种既不能得罪，又不能回避的人或事，方法有六个：

一是嘴巴学甜点，顺着其意夸大了去讲，让其高兴，同时也让其认为那是不可能的。如好好学习，我要从早上 6 点学到晚上 12 点这样就行了吧！

二是认错快，不要跟他硬顶嘴，免得自己吃亏。如我错了，以后坚决改正。

三是说些应付的话：如“行行行……好好好……”。

四是打岔法：如估计对方要发火了，赶紧找个事岔开。

五是缓和地讲点道理，这一般要先说一句熟语，再讲道理。如“十个指头还不一般齐”，你别把我跟好的同学比，我现在是比上不足，比下有余，各有各的特点。

六是求助于其他人，尤其是权威者或对方的崇拜者。如亲戚、爷爷、奶奶、老师、邻居、父亲的好友等，希望他们说服父亲不要太过分，那样会拔苗助长，对子女成长不利。

在家庭暴力中长大的孩子易表现出以下三种情况：

一是不语、不哭、不叫、不动，硬着头皮遭受父(母)的毒打，这样可促使对方加重伤害。

二是撒谎、改考试分数、躲避、离家出走，这样事情败露更要吃亏，离家出走后因无人照看，孩子的景况是很凄惨的。

三是对着干，这样两败俱伤，孩子是弱者，往往伤得更重。

以上三种都是孩子出于本能的反抗，无论是家长还是老师，一旦发现这类情况，就应改变自己的教育方法。注意引导孩子说出真实想法，再用以理服人的教育方式管教孩子。大人总是为孩子好的，双方的目的是一致的，所以总能够找出一种双方都可以接受的方式共同生活。

至于在暴力家庭长大的孩子，对个人性格的养成有些不尽如人意，没有关系，只要你与人相处时，注意不要强迫别人，要想办法促使双方自愿地共同合作即可。按照这个方向去努力，一切坏的毛病都能消失，我相信你仍然能得到美好灿烂的人生。

怎样处理好婆媳关系

婆婆对自己儿子的优点很清楚，而对媳妇的内在优点并不清楚，所以婆婆总有儿媳配不上儿子的感觉。

婆婆很疼儿子，更希望儿子也爱自己，一旦看见儿子对媳妇好，更疼爱老婆时，就有“取了媳妇忘了娘”的感觉，自然生气要找点岔子。

婆婆对儿子全是无私的爱，一旦看见媳妇对儿子有点

撒娇、使点小性子、好强一点或小两口闹点口角等，婆婆就会非常愤怒，干涉小两口的生活。

总之，婆婆常主动挑剔儿媳的毛病。对于儿媳来说：从小在家里父母宠爱有加，到了婆婆家小心翼翼努力地做好每件事，希望能得到大家的赞扬。谁知得到的却是婆婆的指指点点，心里很委屈，如果婆婆说的话再有些明显的错误，媳妇就有可能与之争吵起来，诉说婆婆的不是，冲着丈夫倒心中的苦水。这时的丈夫左右为难，一边是自己的母亲，不能跟她计较，一边是自己的妻子，很难抚平她的伤痕，只好尽量哄着妻子、劝着母亲。实在没有办法时，只能一走了之。

解决方法：在公婆还能生活自理时，尽量分开住，节假日时再相聚。如果无法分开时，小两口要有自己的领域，无论是亲热还是吵闹都要避开婆婆，免得影响老人。

无论婆婆怎样说话，做儿媳的都不宜硬顶，只能应付、顺从、客气地讲点道理，哄着老人开心，不要跟老人计较……老人都是经过风雨、见过世面的人，儿女们只要态度很好地跟她说点道理，一般都能讲通。婆媳之间一般没有大的矛盾，都是一些鸡毛蒜皮的小事，只要媳妇多用点心思，努力使婆婆喜欢自己，婆媳之战就会在几天或几个月之内消失。彼此适应，互为帮手。

婆媳之间的战争，丈夫最好不要插手。由婆媳俩自己磨合解决，丈夫若管，只有越管越乱。丈夫应该全当未看见，反正也不是什么大事。丈夫只有在背后给媳妇出点好主意，鼓励媳妇去赢得母亲的心。

儿媳对待婆婆要尊重，不能像对自己的母亲一样乱撒娇。婆媳之间应有一个相对独立的空间，互相不能过多干涉。很多小事要睁只眼、闭只眼地让它过去。说话要点到为止，不能说多余的话。媳妇要学会认错，或有事多请教以此哄老人开心，需要讲理时可以她儿子当挡箭牌，说这件事是你儿子的主意。也可与丈夫演双簧，媳妇站在婆婆立场说话，儿子去讲道理。也可把要讲的事，说完就走，让婆婆自己来找你。有时婆婆懒得再找你，这事就过了。总之媳妇年轻，用点心思是能与婆婆和谐相处的。

女人“唠叨”之谈

在结婚之前，很少听说哪个女人爱唠叨，而结婚之后，才发现许多已婚女人“嘴碎”。女人突然变得唠唠叨叨的原因有三条：

• 有的女人工作很清闲，上班时，没有多少机会与人讲话，如守库房、干保管之类的工作，或是根本没有工作，也没有文艺、体育爱好，又没有什么朋友交往，只好在家里与丈夫、孩子说话解闷。

• 夫妻间恋爱时间短，彼此了解不深，结婚后才发现丈夫有很多不如意，所以要发泄心中的不满而天天唠叨。

• “心比天高，命比纸薄”，爱唠叨的女人小时候常有小聪明，比较得父母的宠爱，所以对人生有很高的期望值。长大后小聪明用不上了，自己的能力又得不到社会或大家的认可，所以变得命比纸薄，一事无成。只好把家里人当

出气筒，不唠叨就无法生活。

解决方法：

• 女人要面对现实，即丈夫、孩子、老人，他们都有各自的特点，如丈夫粗心、孩子顽皮、老人爱忘事，这都是很难改变的，对他们只能提醒诱导加宽容。诱导不成功就要宽容，不能靠吵架来解决问题。

• 女人要注意寻找自己的精神寄托，在社会上或周围环境中找到自己的乐趣，有自我解闷或自我调节心情的方法，不要拿自己的亲人当出气筒。

• 女人要有一定的事业，这个事业可大可小，只要能够有不断的追求和小小的收获就行了。

• 无论男人还是女人，我们每说一句话都希望能得到对方的认同与快乐。如果对方流露出不高兴，就要想办法改换策略与话题，不能强按牛吃草式硬逼人，更不能做别人都讨厌的人。所以女人要注意改掉自己的唠叨毛病，做一名全家人都喜欢的好主妇。

丈夫对待爱唠叨的女人，要分析妻子唠叨的内容和诱因，尽量改掉自己的小毛病，多做一些让妻子高兴的事。也可说点调情之言即顺着妻子的话扩大，搞点小玩笑。例如，妻子说“哎哟毛巾又没有放好！”丈夫要闻声而去，说：“毛巾怎么了，这不放着挺好吗！噢老婆喜欢这样放，好就这样放吧，老婆大人放心吧！”几句调笑话说完，事也办完了。妻子笑了，就不会再唠叨了。

面对妻子的唠叨，可讲道理，约法三章地解决，也可开玩笑地认错及时改正，还可暂时离开或想办法把人支走。就是不宜“你说你的，我做我的”，权当听不见。这种自欺欺人的方法对双方都是一种伤害。

• 女人要学会看别人的优点，每日夸奖对方几句，用对方既接受又高兴的方法改变自己，特别是在批评或指责之前一定要先夸对方几句。发现对方生气了要停止唠叨，改变策略，否则越唠叨，效果越差，出现恶性循环。

人的心智会在愉悦与和谐的环境中成长，在批评和指责的环境中会闭锁，停滞不前。所以对待家人越表扬他会变得越好，这就是良性循环。

• 聪明的女人，不要为了宣泄心中的愤怒就没完没了的乱说乱骂。要找个安静的地方使自己静一静，想一想，要用对待好朋友的方式对待家人，我们能够理智地对待外人，为什么就不能理智地对待家人呢？

【案例】　小丹的转变

小丹从小就很聪明，倍受父母喜爱。可惜考大学差了一分又不愿上大专，有招工的机会，就当了一名工人。在找男朋友时，小丹一心想找大学生，但自己相貌平平，又无文凭，很难如愿。好不容易经人介绍，认识一大学生，感觉他的外表、语言还可以就结婚了。婚后才发现丈夫一点家务都不会做，事业也平平无起色，更不会关心体贴人。小丹气得天天在家骂人。丈夫开始还吵两句，后来也不还嘴，全当没听见或借故一走了之。这种状况已维持十多年。后来小丹的丈夫看见心理热线，就建议她试一试。

当我看见小丹时，她已声音嘶哑，一脸的憔悴。我说："反正你说了也没用，干脆别讲了，保护点嗓子也好"。小丹点点头，我们结束了交谈。一周后再去见小丹时，她已恢复了气色，表情安静，也有点笑意。我说："男人靠捧，你适当地表扬他点，他会越变越好"。小丹半信半疑，我说："你以撒娇的语气，请丈夫办点小事。撒娇是女人指挥男人最有力的方法"。小丹表示自己做不出，又要开始数落丈夫的不是，我不想听，就结束了交谈。一周后，小丹已能和丈夫轻言细语地说话，并一起做饭。我私下与小丹开玩笑，夸小丹说："好女人就能调理出好丈夫"。小丹笑而认同。现在小丹已完全改变了唠叨的习惯，夫妻恩爱，小丹丈夫对我表示由衷的谢意。

用幽默解决家庭矛盾

语言幽默是解决尴尬局面最好的方法，它用宽厚仁爱的胸怀，使逆境转为顺境。用语幽默使我们在变幻无常的人生中放松心情减少挫折感，并促进调和意识。幽默的方法有很多种，现介绍几种供大家参考：

谚语说理法 如丈夫上班忘带提包了，妻子在生气，丈夫说：十个男人九粗心，就有一个细心的，被楼上王老二占去了，你让我怎么办？妻子笑了，很快原谅了丈夫。

再如：妻子要去干某种事业，丈夫非常反对，妻子说，成功的男人背后有一个贤惠的女人，而成功的女人背后，常有一个令她伤心的男人，丈夫笑了，怕当恶人，只好让妻子去了。

顺意夸大法 即顺其意夸大成荒谬的玩笑。例如，妻子在唠叨某件事，丈夫说，头可断血可流，您的指示不会丢。这使妻子停止了唠叨，又觉得好笑。

一对夫妻闹僵了，妻子动手收拾行李说，我再也呆不下去了，我要永远离开这里。丈夫后悔了，想去拉她肯定不行，就顺其义说，我也呆不下去了，我和你一起走！妻子笑了，只好不走了。

妻子为件小事生气了，不理人了。丈夫说，上帝啊，你为什么派这么个女人来收拾我。妻子笑了，也开口说话了。

谐音打岔法　即用同音异义的方法把事情扯开。如当妻子生气，骂“畜生”时，丈夫答：出生？我的出生是贫农。像电视剧《还珠格格》中，小燕子就用此法化解掉很多尴尬局面。

词语移换法　即把惯于描述甲事物的词句，用来形容乙事物。如妻子说，你的脚好臭啊，丈夫一边去洗脚，一边说，老人牌脚气水味道好极了。

宽容方法

每个人只有学会宽容，才能与人相处，如果处处斤斤计较，别人就会离开你。其实宽容并不代表吃亏，而是改善人际关系，给人快乐的一种方法。

具体宽容方法如下：

• 任何事情都可以从两个方面分析，即往好处想和往

坏处想，凡是往好处想的事，别人就会很愿意听，即便是他从未想到过，也会赞同你的观点，方便时就会照着你的意思做。他会认为你是知己，也会认为你很宽容。

• 用幽默的方法化解别人的怒气。

• 学会忘掉不愉快的小事，不计“隔夜仇”。如果某人一句话使你不高兴了，只要过了一夜，就应该把它忘掉。如同事间，说了一句伤害你的话，你当时若能化解最好，若没有能力化解，到了第二天就权当忘了。还把他当同事看待，该打招呼就打个招呼，该帮忙的就帮忙。如果是妻子因小事伤到你，更应该如此。这样你给别人的印象是，你很宽宏大量，不容易生气，也愿跟你开玩笑，极易相处。

• 凡事要站在对方的角度考虑一下。如两个人闹僵了，你从对方的角度去想一想，就会理解对方，找到一条解决问题的方法。

• 平时每说一句话，都要注意不要伤人，要注重得人心。凡事要对得起别人，也要对得起自己的良心。

• 当夫妻意见不同发生争执时，眼看着就要吵起来了，应暂时回避。如外出逛一小圈，时间约 1 小时左右，不宜耽误睡觉或上班和吃饭。一般夫妻争吵在对方离开 10 分钟左右，就可心情平静，20 分钟左右就会后悔，30 分钟就能想出新的解决方法，40 分钟就会盼着对方回来。若回避时间太长，超过一天，就又会想起别的不愉快之事。

宽容方法其实也是做人的方法，它要你学会一些温馨的语言，当遇到一些事情帮不了别人时，也要讲一句暖人心的话，这就是语言美。这种平易近人的处事方法，可以使人心情愉快，也是自我心理保健的长寿之道。

老男人与小男人的不同特点

在夫妻两人世界中，凡是大女方10岁以上者称老男人，凡小于女方岁数者称小男人。

老男人常是成功人士，有房有车，社会上有一定地位，公司里有一份不低的收入，往前看，还有一个很不错的前途。也有的或许没有房子，但在某一方面有特长，如作家、艺术家、教授等。他们的爱情是理智、平和而坚定的。他们认为生活中有比爱情更重要的东西。在老男人眼里，合适比喜欢更重要。他们也懂得一些小情小趣，但他们认为风花雪月不能当饭吃，生活才是硬道理。所以女人不能指望他会完全地理解你，但他会包容你、迁就你、照顾你。会引导你告诉你经验，他如同你的父亲、兄长。老男人常是工作狂，女人要经常与他的工作和会议作斗争，而一般的结果是，他不会参加你的聚会或陪你浪漫出游的。

和老男人相处必须注意以下三点：

不吃零食类食品　老男人一般都不爱吃零食，你若想吃只能一个人吃了。

不提过去往事　老男人都是有故事的，他生命中过往的女人你要心存感激，正是她们的合力打造，才让你拥有了今天成熟的老男人，她们付出在过程中，而你却享受了结果。

为了共同话题努力　为了和老男人有共同的话题，你

最好去看那个年代的故事片、书籍等。

与小男人相处要容易得多，只要宽容不计较小男人的缺点，不唠叨地改变他，像大姐姐一样照顾和欣赏他即可。

离婚者择偶心理特点

离婚的她(他)摆脱了不幸婚姻的束缚之后，获得了宝贵的自由，内心自然是高兴的。然而过不了几个月，孤独和寂寞以及生活无帮手的困境就会困扰在心头。因此又面临再婚择偶问题。但再婚的成功率并不高，原因是：

• 许多离婚者对异性抱有怀疑和否定心理，正所谓一朝被蛇咬，十年怕井绳。如果前夫性情粗暴行为凶残，则就此认定男人都是这样。在婚前是和颜悦色，彬彬有礼，极尽讨好逢迎之能事，婚后就会原形毕露，粗暴待人；如果前妻是背着自己在外面另有新欢，而且喜新不厌旧，长期将自己蒙骗在鼓里，则就认定天下的女人都是水性杨花不可信。

• 离婚者择偶时往往有求全心理。鉴于前次婚变的经验，再择偶时更加小心谨慎，求全责备，宁缺毋滥。他(她)认为：第一次婚姻失败还可以得到人们的同情理解，如果这次婚姻再重蹈覆辙，所找的配偶明显地不如前夫或前妻，岂不丢尽了面子，让人讥笑。还有想通过找一个如意郎君或美貌贤妻来气气前夫或前妻，于是这些人在精挑细选中错过良机。

• 离婚者抱着守候观望心理，特别是女性认为名誉重要，言行要小心谨慎，不能给人轻浮主动的感觉，否则会有失体统，自贱身份，所以她们在坐等天上掉馅饼。殊不知这世上也有很多性格内向、拘谨、腼腆的男人，他们不善于主动接近女性。更有很多男人，虚荣心过剩而自信心不足，他们害怕被异性拒绝而伤了自尊，所以他们只有守株待兔，结果减少了择偶再婚的机会。

• 离婚者过分考虑再婚对孩子的影响，特别是注重对方对自己孩子的态度，把对方是否爱自己的孩子作为首选标准。他们再婚的主要目的是给孩子再找一个爸爸或妈妈，却把自己的感情需求排在择偶条件中的次要位置。一些年龄稍大的离婚者，在选配偶时看孩子的眼色行事，对孩子的态度唯命是从。这样做的结果忽视了爱情的排他性，使再婚具有太多的功利色彩，令许多择偶对象望而却步。

• 离婚者很讲究双方自愿，如果一方稍有腼腆，不善于表达，另一方就没有足够的勇气与耐心去追求。而初婚者往往有敢上刀山下火海一样的勇气去追求爱情。

• 离婚者一旦遇到与自己很合适的人，结婚较快，因为他们都是过来人，对双方的生活习性、性格特点等了解非常迅速与彻底，所以结婚常在几个月内即可完成。

【案例】 60岁的老刘再婚记

老刘60岁，妻子因病去世了，老刘工资不算低，又有住房，想找一个比自己小10多岁的女人，希望老来有人照顾自己。至于女方的相貌、收入都不重要，可40多岁的女人都看不上老刘。就算有人同意，也希望老刘每月多交点伙食费，看上老刘的钱财。老刘在经济上也不愿多付出，最后只好找50多岁的女人。

老刘找女人,首先要这人是否“坐家”。如果是每日喜欢单独外出玩的风流女人,老刘是不敢要的。第二要看是否会做家务,如家里干净卫生,炒菜色香味俱全,营养搭配合理,愿意尽量把生活搞得好一点的女人。第三要女人的脾气好,说话轻言细语,无顶撞、无凶巴巴的语言。生活上会照顾自己的女人。第四子女不在身边住(老人也喜欢过二人世界,想图个清静)。第五知识水平相当,说话能相互理解,要有点修养说得来,不会吵架,那怕是很小的争执要会谦让。第六要有共同爱好,要求两个人最好每时每刻都能在一起,如打麻将、跳舞等两人都一块去。尽管老刘的要求很高,可各方面条件都适合的女人也不少。老刘很快就找到非常适合自己的女人。

【案例】 老女人的再婚要求

王女士50多岁,很早就离婚了,为了带好孩子,她一直未再婚。现在孩子大了,已独立,王女士一个人守着空房子,想找个老伴。王女士有退休金,有住房,身体好,相貌不算差,会跳舞、打牌,家务样样都熟。王女士想找年龄只大自己几岁的男人,但这类男人都不主动,要你去追,王女士没有这个胆量。

王女士要求男人首先脾气好,说话有水平,有幽默感,能让人发笑,没有不讲理之举。第二要有一定的经济实力,除了养活自己之外,还能有点养家之用。第三要能一起做家务,有互助互爱的情份在里面。第四有一定的社会知识,当有外人欺负自己时,丈夫能有力量保护妻子,有男子汉的样子。第五会疼爱妻子，不打人骂人，不轻视女性，不揭女人的短处，即使想改变人，也要用教育或鼓励的方法。第六老年女人，对性的要求也较高，希望丈夫有性技巧。第七希望丈夫有健康的身体，不能天天像病人一样要人照顾，万事不管，只等着别人伺候。第八要丈夫天天陪着自己，不单独行动，不与其他女人有过多来往。第九，王女士希望丈夫能听自己的话，只要生活上或卫生方面说得对，丈夫要听从，不能"懒得做"就不了了之。王女士的要求是很高的，只要她不计较男人的年龄或个子，也是能找到这样的好男人。

50 岁以上的老年再婚者，虽然成功率不高，一旦成功都很恩爱，相伴到老，不知情者很难看出是再婚家庭。

离婚原因分析

新婚头四年离婚的，往往是婚前基础不牢固，婚后生活安排不当，生活兴趣发生了较大变化，双方不十分了解，性格不合造成。

如果 10～20 年内离婚，主要是性生活不协调。特别是有 2/3 的离婚是女方主动提出来的，这说明女性在性生活不能得到满足时，受的影响会更大。当然、男性如果得不到性满足，可能走向外遇、打人、发脾气等道路，而不是选择离婚之路。

据统计，女性只有 10％的机会能够达到性的高潮，另

有10%机会根本没有任何兴趣,80%的机会介于这两者之间,具有一定程度的满足。这说明女性的性开发还有很大的潜力,所有的丈夫要学会爱的技巧,给予妻子充分的爱,这是丈夫的责任。

父母离婚后孩子的心理

对于5岁以前的孩子,因孩子不能理解父母离婚意味着什么,所以在父母离婚时,没有强烈的阻止行为。只是常常想念失去的一方。一旦接到失去方的音讯会非常高兴。

对于5～8岁的孩子,在父母离婚时,常会非常愤怒遗弃方,恨不得他(她)是死了,不理遗弃方。

对于8～14岁的孩子,在父母离婚时常顺从抚养方的安排,观点左右摇摆。

对于 14～20 岁的孩子，常是做法官，用比较公正的方法来判别父母的对错。

对于 20 岁以上的孩子，常会祝福父母都有好的归宿。

再婚后性培育及试婚

婚变与再婚如今也不是新奇之事，婚姻已向着更加合乎人性、合乎道德的方向发展。这也使我们认识到，对任何事物的追求，都不可能是一劳永逸，而是需要努力一生，始终不渝。

经历离婚的人，对于婚姻要求更加苛刻，期望值更高，否则他们宁愿独身下去，不愿再往“火坑”里跳。再婚的人

往往已不完全停留在年轻时代对感情的迷茫、困惑和狂热，而是带有更多的理性成分。重建的家庭也有很多的有利之处，他们更加珍视婚姻的机会和爱情的宝贵。一位离婚的女性说，在感情生活上付出学费是难以避免的，我要通过再次寻找来实现我的理想，弥补我的缺憾，也要通过再婚来证实我是能够做一个好妻子，也能够得到一个好丈夫。再婚有以下三方面特点：

• 注重感情基础占第一位，也有人为了子女，为了住房，为了生活上必备的一些条件或是为了不孤独，为了父母或朋友们的压力等，这些因素是无可厚非的。关键在于，一旦重新组合了家庭，就要建立爱情基础，不能把性爱当做应酬、敷衍，得过且过，任其自然的态度。

• 喜欢先当情人。无论是男是女，做一个情人是容易的，但作一个丈夫或妻子就大不相同，在同居生活当中，每个人都充分表现出了自己的优点，而掩盖了自己的缺点。一旦进入夫妻生活，就要朝夕相处，就要面临“油、盐、酱、醋、柴”等，以及生活各个方面习惯、爱好的沟通。真正成功和理想的再婚，是在爱情的交流上达到一种精神上、情感上的默契。丈夫一般不会在生活琐事上固执地坚持什么，主要是看妻子的调整能力。

由于婚变，双方都总结经验，改掉了一些缺点，所以再婚后妻子会说，你对妻子这么温柔真不理解你的第一位夫人为什么要离开你？丈夫也会说，你这么温和善良，你的前夫真是有眼无珠。

• 在性生活中丈夫占主导地位。再婚的丈夫对于自己的新妻子，应当更加耐心、更加热情、更加细致、更加尊重，不宜计较妻子谈前夫的种种往事，实际上只有让妻子充分地谈出来，才能更好地把前夫忘掉。

试婚者是害怕离婚的人，他们洞悉无论何种情况下的离婚都需要付出太多，而期望先通过试婚后再进入婚姻能够减少离婚的几率，这种非正常的婚姻环境，无法进行正常婚姻的体验，因此，往往事与愿违。

“周末婚姻”主张夫妻仅于周末生活在一起。提出这个观点的多为女性。当看多了婚姻失败的实例后，她们对步入婚姻深存一份恐惧，主张“周末婚姻”的女性都受过情感伤害，只是这伤害不足以令她们完全绝望。她们渴望婚姻，又畏惧婚姻。而日常的婚姻生活可以给男人带来太多的好处，让他们从心理上接受“周末婚姻”是艰难的。所以“周末婚姻”实际上是情人的相处方式，它是短时期的过度行为，不可能永久存在。

“性香味”的来源

有些动物能够分泌特殊的香味来吸引异性的注意，如麝和灵猫。人也具有性香味，一种是男性香味，成分为雄甾酮，叫外香型。另一种是女性香味，叫幽香型，成分为雌二醇酮。这两种性香物主要藏于人体的性器官，会阴部、腋下和汗腺的分泌物及尿液中。平时这种性香味是很弱的，几乎闻不到，但在做爱时彼此都会发出较强的性香味。

人们平时不太注意性香味，但它却对人们的行为举止有着深刻的影响，特别是能够增强男女之间的亲切感，诱发性冲动。医学统计还发现，长期同处一个工作室或居住环境中的女性，往往会有相同的月经周期。男性香味对女性维持健康有着一定的作用。研究人员用海绵在男子腋下收集到分泌物涂在一批月经失调的未婚女子的鼻下，一段时间后她们的月经失调现象消失。

美国芝加哥大学医学院的研究者，人工合成雌二醇酮的香水，让已婚妇女就寝前喷洒在乳房上，次日清晨让其丈夫回答他们昨夜的性感，大多数男人说性欲增强。

尽管还没有充分理由及依据揭开人类的“性香之谜”，但科学家们正在人工合成这类特别的性香物，不久的将来人们也许会在床头放一瓶这样的物质，也许可以治愈阳痿、性冷淡、月经不调、性功能紊乱等病症。

35岁以上已婚男士秘籍

这个世界上不管是否存在着天长地久的爱情，但存在着从一而终的婚姻是可以肯定的。形形色色的书本上总是不厌其烦地教人们谈恋爱的技巧，但却鲜有教人如何将婚姻维持长久的秘籍。其实婚姻生活中包含着人类最大的智慧。下面的格言供35岁已婚男士参考。

• 记住该记住的，忘记该忘记的。比如：要记住她的生日，但要忘记她的年龄。

• 有些事情是我们无法控制的，所以，只好控制自己。因此，要学会从新的角度去看待女人：她任性，说明她的过去简单；她爱逛街，说明她珍惜现在；她爱唠叨，说明她对你们的未来有不凡的期许。

• 平淡的生活需要一些兴奋，哪怕只是为了丰富你们的谈资。让她能在梳妆台上发现你亲手写的信；如果做不到，就让她的手机每天增加一条值得保存的短信；如果还做不到，就让她每天至少接到两次你的电话。

• 现实总是有些冷酷，不妨让彼此感到温暖一些。如果偶尔会想到她，你就说经常会想到她；如果经常会想到她，你就说你爱她；如果你真的爱她，你就说你离不开她。

• 不要吝惜一点点付出，女人其实是很愿意妥协的。她做饭的时候，你应该帮她打打下手或饭后主动洗碗；如果做不到，能按时回家吃饭就行；如果还做不到，就要让她知道你的去向，并千方百计地让她猜出：同行的人中没有女的。

• 麻烦总是会有的，但化解矛盾的方法同样多。鼓励她去美容、减肥，带她去拍艺术照，不是为了自己欣赏，而是唤醒她爱美的天性。一个爱美的女人，是没有时间和精力与你争吵的。

• 维系婚姻关系的最好方法是：你对她的爱，永远多于她的求索。至少先把“男女平等”的观念落到实处，她叫你几声“亲爱的”，你便回她几声；无论她有多么肉麻，你也要和她保持同步。

• 千万不要在最熟悉你的人面前自作聪明。婚姻之

中，伟大的爱情将被适应，双方的美也将被适应，同样被适应的还有双方的真实。所以，自作聪明的代价就是无尽的猜疑和矛盾。

其实婚姻就像是两只刺猬过冬，靠近了就会互相伤害对方，不靠紧又冷！非得彼此拔了一边的刺才能靠近好好过日子！

第二部

恋爱如梦境，结婚时苏醒：性爱意义

在人的一生中，妻子是青年时代的情人，中年时代的伴侣，暮年时代的守护。所以在人的一生中，只要有合适的对象，任何时候都是有道理的。

——培根

自私自利的情欲的最大缺陷之一，在于很少使生活丰富多彩。

——罗素

美满的婚姻不能光靠心灵的一团火，还得有大脑对爱的冷静思考，才能年长日久地延绵下去。

——国分康孝

和谐的性生活，是成功婚姻生活中必不可缺少的一部分；当人拥有美好性爱时，会比同龄人显得年轻。

性爱和谐

世界卫生组织专家称，“多年来，医学界忽视了爱情是防治疾病，长寿与健美的一个重要因素，这是非常令人遗憾的。”许多研究者认为：有无性生活是健康的标志之一，性欲是构成人类思想感情的重要组成部分，它对健康的影响尤为巨大。和谐的性生活能使夫妻双方的身心保持健康，爱情有助于健康长寿，美满幸福的爱情可使双方体内分泌出一种令人健康长寿的代谢物质如激素酶、乙酰胆碱等。据日本厚生省统计：爱情美满与离婚的夫妇相比，男人寿命平均长 12 岁，女人长 5 岁，丧偶者当年因病死亡的几率比同龄人高 10 倍以上，经历离婚的人其患病率要比爱情美满的人高出 12 倍。现代研究还证明，正常的性生活可以增强免疫功能，缓解疾病疼痛，解除紧张情绪，调节心理平衡，对促进身心健康有作用。为了健康就要重视性爱和谐，经常保持性爱和谐。

性是最好的补药

性爱是繁忙工作后的一次惬意旅行，是攀登到山顶后的愉悦，是明媚春光下的放松。它可以让男女的身体和精

神都焕然一新，更是人体最好的“补药”。美国著名性学专家称，性对健康有诸多益处。

治疗偏头痛 性爱时，脑下垂体会分泌大量催产素。研究发现，催产素能缓解机体疼痛，如头痛、腹痛等，还有助于使人获得性高潮。

缓解压力 性生活较多的人，更容易感觉生活幸福，保持轻松状态。而且性高潮后，人们往往会觉得异常放松和舒服。很多人都认为，性爱后能睡得更踏实，白天也更精力充沛。

加速血液循环 产生性兴奋时，血液流动开始加快，使得流过大脑的血液增多，促使更多新鲜血液在体内流动，为体内每个器官提供充足的氧气，加快新陈代谢。

保持体形 每个人都希望能在心爱的人面前展现最美的身姿，因此也会注重锻炼。而美满性生活是“锻炼”的好时机。在性爱过程中，每半小时就会燃烧 150 卡路里；若性爱过程激烈，甚至能燃烧 300 卡路里；如果能保证每周有 3 次性生活，每次 25 分钟左右，那至少能消耗 450 卡路里。

保持活力 性高潮能使体内 DHEA（脱氢表雄酮）水平升高。而 DHEA 能增强人体免疫力，提高敏感度，保持皮肤健康，甚至对抗抑郁。

释放更多激素 定期性生活使男性雄激素和女性雌激素水平都有所提高。雄激素能坚固骨骼和塑造肌肉，有利于心脏功能；对女性而言，雌激素能增加其敏感度，延缓衰老，使其更具女人味。

爱的众说

爱不仅使爱者尊严高贵，而且使被爱者尊严也高贵。当我们经历爱、体验爱、心中涌动爱时，心便因为爱而博大，而激情洋溢。因此感情将得到升华，心灵将得到净化，生活将被引向崇高。

爱有按捺不住的热情向往，有牵扯情怀的无限眷恋。看山，山有情；看水，水有意；看人，人美丽。入眼的景观，风丝柳片，草木花卉，枝枝叶叶总关情。

爱让所有的颜色都像水中色一样鲜艳无比。人就像进入了巨大的水晶体，到处都是光鲜透亮，干净整洁。人的走动就像浮动一样轻快自由，有如进入仙境，让人快乐无比。

爱是一种自然的和谐，是一种了解的和谐，是一种贴近和深入的关怀。大千世界在爱的包容下注入了心跳，输进了滚烫的血液。

爱是人类最美好的情感，是无比芳醇的精神体验，是自己簇新簇亮的复活和新生感觉。爱与被爱都将因尊严而高贵。

没有性爱的生活，是难以摆脱孤独的生活。性爱本身，已经包括了人的需求从最底层到最高层需求的全部缩影，越是高层次的人，越有着强烈的健康的性爱需求。从一切伟大人物和杰出人物的经历中看出，他们都有着浪

漫、甜蜜、感人的爱情基础，或是在他们痛苦、挫折、孤独、奋斗中，潜藏着性爱挫折带来的严重创伤，但他们都是性爱的勇敢追求者。

人们通常把能够克制性欲、战胜欲望当做人格健全的标志，或当做意志坚强的表现。但这只能用于暂时状况。如当性爱的条件还未成熟，还未达到两相情愿时，克制自己的性欲不作强人所难之事，是意志坚强的表现。可从总体上来看，完善、健康、坚强的人格，必定是充分获得性爱满足的人格。

一些老人，他们子孙满堂，经济充裕，儿女孝敬，生活幸福，可是他们仍然摆脱不了孤独、寂寞，仍然有强烈的性爱需求。婚介所里有60～80岁的老人报名征婚就是例子。

一些事业型的人，他们精神充实，不乏崇拜者和追随者，他们有朋友、有知己，他们对人热情、诚恳、宏论滔滔、满腹经纶，但若是忽视了性爱时，配偶也会离他们而去。等到他们清醒过来，就会深有感触地说，家不在富，有妻则灵；夫不在名，有性则盈。许多两地分居的人，在渴望中生活，根本无法从欲望上排除性爱的需求。所以说，亲情、友情、名誉、地位都代替不了爱情。

眼睛是心灵的窗户，两性之间的吸引是从视觉开始的。性觉以视觉为前提，有的异性在他看来，第一眼就会燃烧起强烈的欲望，所谓一见钟情，打动心弦就是如此。

视觉所获得的美感信息，可以排除心理上的疑惑、担忧、顾虑、不安全感、不真实感等杂念，有一种最真切，最实在的心理感受，所谓“口说无凭，眼见为实”就充分说明了眼睛的作用。

古时候，父母包办婚姻、男女还未见面就定了终身。这时在双方没有亲眼目睹之前，无论别人说得天花乱坠，心里总是无法踏实，只有在揭下盖头红布时，或是喜出望外、暗自庆幸，或是大失所望、暗自叫苦。这也说明眼睛的重要性。

也有的异性刚开始能够唤起性感，但在了解了对方性情、内涵、能力、为人、品德等之后，在视觉中失去了美的价值，性的欲望也就逐渐熄灭了。所以，一见钟情只是第一步成功，只有选择的内在条件都合格之后，性爱才能完整，直至白头到老。

男人如果时时感到被人需要，会产生一种崇高的豪迈感，他们会自作多情地以为他们在"拯救"她们，他们是"被需要"的英雄。同时男人还喜欢被了解，男人也需要理解、支持、关注。

女人天生喜欢被爱，所以连她们的衣服拉链一般也缝在背后，这不是明摆着要男人为其服务吗？女人喜欢被关怀、呵护甚至纵容她做些小奸小恶，这都是种种被爱的生理心理需求与反应。如果女人是被爱的，男人一定会很在乎她的气息、她的声音、她的观点、甚至她的馊主意。

女人也喜欢在家里当主人，希望丈夫很依赖自己，特别是在一些鸡零狗碎、婆婆妈妈的事情上他需要你，这时"被爱"的人有种女神的感受。

女人的"被爱"在婚后常为主动，爱的指挥棒在女性手里可以乘机撒娇、任性，当然也调足男人胃口，这是多么美妙的事。不过女人不能因为"喜欢被爱"而失去判断力，如

果过度夸大甚至“发挥”丈夫或男友的爱意可能会自欺欺人，可能会误判“性”息，以为自己仍然被爱。在美丽的假象与谎言里惨淡经营一种没有生机的感情，这是可怕的愚蠢与悲哀。做一个幸福的女人是一种理想，但做一个聪明的女人则是务实的。不要只期待自己做月亮，并幻想丈夫是太阳。其实，最美最持久的爱是两人都是星星，自己发光，又相互辉映。电视心理访谈中讲“宠我的男人哪里去了”就是女方只会乞求被爱，而不努力学会爱对方或宠男人，结果造成失宠。

男人需要的不多，往往喜欢一步到位毫不含糊，女性的需要太多，不仅是男人本身，更要享受男人解扣子的过程即调情之美。一般来说，女性会把“需要”理解为性需要，男人也经常把“爱”与“需要”混为一谈，这也无可厚非，男人的需要也不是什么洪水猛兽，而多数男人不会甜言蜜语，甚至一个男人嬉戏时说“我爱你”也许还不如出门时对你说一句“我需要你”更有力量，后者更有生活的光泽。

越开放的社会，恋爱中的男人越喜欢一些不大不小的阻力，如男人说：我太需要你了，太爱你了。女人说：如果我满足了你全部的需要，你对我的爱还会那么强烈吗？所以我只会给你更多的需要，不会给你满足。因此电话来时要等响最后一声才接，做爱时要小有挣扎，保持一种很有张力的距离感，是令男人最头痛可又不得不紧追不舍的美妙状态。不爱你的人看不出你刻意留下的距离，爱你的人自会为这段暧昧有点距离而兴奋不已。不要担心，男人喜欢这种富有挑战性的征服。恋爱全程都不要毫无保留地敞开心扉。暧昧地矜持其目的不是拒人千里之外，而是让男友保持一种战斗进攻的激情，也为自己留一条后路，最后是让男友更尊重你。爱情里面应该有尊重，这种爱情才会华丽高贵。当然，也要适当让他尝尝甜头，这就涉及暧昧两字，恋爱是一种娱乐，要懂得游戏规则，把握好分寸与温度，而不是单纯的娱乐。

“哪个男子不钟情，哪个女子不怀春？”凡是有男女的地方，就会生出千姿百态的风流韵事，如一个眼神、一个微笑、一次拥抱、一次亲吻，都可以让人心灵震颤，周身发热、继而产生刻骨铭心的情愫，这是人的天性。古往今来异性相吸，无论是壮年人、中年人还是老年人，一旦进入异性的爱，就会更年轻、更甜蜜、更幸福。一旦缺少了性爱，就会感到生活黯然失色，心中躁动，压抑着性的欲望、性的饥渴与困扰。所以说，性爱是每个人都要面对的事情。性爱运用得好，它将给你带来一世的幸福。运用不当，就会“一失足成千古恨”，落入风气败坏、道德沦丧、卖淫、嫖娼、流氓、强奸、情杀、自杀、精神失常等深渊。

如果说真理与谬误，美好与丑恶仅一步之差，那么性的幸福与性的丑恶之间是：差之毫厘，失之千里了。所以要在性的问题上谨小慎微关键在于是自愿还是强迫，是有“感觉”还是“无兴趣”。因此，我们需要了解性的知识，掌握自己的情感，为追求幸福，创造激情和灵感，领略甜蜜和愉悦，使自己的人生生动而精湛。

相信命理，但不相信每年除夕晚上吃鱼，就年年有余；相信风水，但不相信烧香拜佛就能事事平安；相信人与环境有一些神秘的对应关系，但不相信生活在美丽的环境中就能长寿；相信人与人之间有不可思议的因缘，但不相信不经过任何努力就能成双成对白头到老。

这些信与不信，是缘于我们的心情。如果心情快乐，什么山水花树都是美丽的。如果心情沮丧，再美丽的花草也是污秽的东西。因此，改造命运的方法是先要从心做起，心内求法就是正法，心外求法即是歪道。

一个人的心如果澄净了，就日日是好日、夜夜是良宵、处处是福地，那么还有什么能迷惑熏染着我们呢？

好的心情不是上帝给的，而是自我科学地、积极地去调整、以及人与人之间的信任与欣赏、关爱与支持、鼓励与祝福等汇集而成的。

当一个孤独的人需要好心情时，没有人自愿负起转换别人心情的责任，也没有什么地方暗中存在着那种博大的同情心。但是，它是存在的，只要自己想着"君子报仇十年不晚"把所有的怨恨都存入档案，离开躯体放入库房，干好眼前应做的事情，如做些体育运动、家务活动或看电视、读书、跳舞、唱歌等，做一些自己喜欢的活动，等一旦有了爱或追求爱的希望，心情就能阴晴翻转过来，重新回到良好的自我状态。

爱与喜欢的区别 面对心爱的人，你会心跳加速。然而面对喜欢的人，你只是兴高采烈。面对心爱的人，冬天就像春天。而面对喜欢的人，冬天是一个美丽的冬天。假如凝视的是心爱的人，你会脸红心跳，但凝视的是喜欢的人，你会微笑。面对心爱的人，你不能说出心中的一切，而面对喜欢的人，你会言无不尽。面对心爱的人，你容易羞涩，而面对喜欢的人，你能展现真实的自我。心爱的人时刻萦绕在你心头，喜欢的人是用时才想起。你不能直视心爱人的眼睛，你却能欣然迎接喜欢人的目光。当心爱的人哭泣，你会一同落泪，而当喜欢的人哭泣，你会停下来安慰。爱的感觉源自眼睛，而喜欢的感觉源自耳濡目染。如果你不再喜欢你喜欢的人，你只需要堵住耳朵，但是如果你试图闭上眼睛，爱便会化作一滴泪水永远留在你的心中。

朋友的作用　人在苦恼与烦躁的时候，总希望能有个倾诉的对象，既使对方一时无能为力，能耐心地听就是一种珍贵的友情。因为无论你说什么对方都能默默地聆听，或插入一两句话。大多数时间里对方总是用一种宽容、理解的眼睛看着你。你会因为倾吐之后舒心的感觉真好。自己的心情平和了，也能够重新认识自己、找回自己、珍惜自己了。

时代在变，真心的朋友不会变，尤其是那些能够让你重新认识自己，重新对一切有信心的朋友，始终是你的忠实伙伴。他们会用倾听，会用真诚，会用简单的话语，让你能平心静气地回过头来审视你自己，让你明白这世间的其他人也和自己一样，都要学会在夜里摸索，在变动不安里逐渐寻找自我。路途有时十分艰难，雾气有时很厚很浓，但是，只要你肯保持一颗健康向上的心灵，一种坚忍不拔的毅力，你会感到生命的尊严与价值，你就会在前进的道路上找到更为开阔的世界。

人的一生免不了要遭遇误解、悲愁、痛苦、伤心、离别等，可是当你有了真心朋友，你就会对生活充满信心与希望，对人生充满着感动与珍惜。如果你的真心朋友就是你的爱人，你的幸福是永久的。

性是人的一种本能，又是一种人格特征的表露。性是夫妻关系的黏合剂，是情感交流的载体。情是性的催化剂，又是性的重要纽带，如果性、情能融汇一体，则家庭关系必定稳固；如果性、情不和谐，这是比较普遍的现象，多是有性无情的婚姻，为了子女而凑合在一起，少数是有情无性的婚姻，如一方生病或两地分居造成。这些又靠家庭责任感来维持。

不同性格特征的人，其性行为也有很大差异，因为性行为中能自然透露人的性格中最本质的东西。它不像在公众场合，许多不良性格可以被掩饰，人的生殖系统就是人的精神、心灵、情绪、感情的代言者。

具有自我为中心心理倾向的人，其性行为也表现为只考虑自己，不善于关心他人的感受。这些人如果出现性功能障碍，又会生出极度自卑心理，常会发生疑神疑鬼，无中生有的冲动。具有内向性格不善表达的人，往往只追求结果，夫妻性生活常常是直奔主题，造成一方欢乐一方愁。具有外露性格，热情奔放的人，性道德意识淡薄，为满足自身的性感需要不顾伤害他人的情感，甚至连牺牲他人的家庭也在所不惜。性格懦弱，有与世无争心理倾向的人，不会有主动的性意识，仅把性作为繁殖后代的工具。具有争强好胜性格的人，往往把性看作是一种胜利者的骄傲，是高级享乐的体验，一有机会就可能对他人进行性骚扰。总之性的不和谐，往往可以从性格缺陷中找到答案，尽管许多人并没有意识到这一点。

如何防止性和情关系的分离，许多人思考的结果是追求性技巧的提高，以满足对方就能万事大吉，其实完善自身的性格缺陷才是最好的办法。因为性生活的过程是人的各种心理、生理素质的综合表现，虽说性格难以改变，但是只要认识到自己的特点，不断地进行自我修正，就能学会控制自我，至少男女双方可以学会适应对方，主动配合对方，创设温馨的情调，以提高性生活的质量。

当人问到：爱情、事业、家庭、朋友、理想、抱负、原则、尊严那一样在你心中最重要？你会把什么排在第一位？

有人把爱情排在第一位，当爱情失去时他才发现原来爱情并不是那么重要，事业更重要。

有人把事业放在第一位，把家庭放在最后，当他的事业发展到顶峰时，他却觉得很孤独，宁愿用一切换回与家人的团聚。

生命是一张拼图，你能说哪一块最重要？每一块都重要，都不可缺少。当你拼好一张两千块的图画，最后发现少了一块，那么那一块是最重要的吗？不是，那一块只是最大的遗憾。

人生总是有些遗憾，时过境迁，就无法弥补，我们都有一张不完整的拼图，但我们只能尽量拼出一张看似完美的图画，不要再问哪一块最重要，最重要的是你把图拼出来。

当人拥有美好性爱和正在努力追求性爱时，会比同龄人显得年轻。据英国伦敦人类与性研究中心调查，认为性爱是美好的人占85%左右。认为性爱是无所谓的或不好的人约占15%，前者较后者无论从心态还是外观神色上看，都显得更年轻。

专家分析，喜欢性爱之人自身爱美，这类人为了取悦异性，通常很注重自身的仪容打扮等，这类人心态积极，社

交能力强，他们对生活充满无限向往，也会对身边美好的事物给予肯定，甚至赞扬。由此体现在社交方面，他们往往会说一些赞美对方的话，自然会与对方拉近关系，拓宽社交范围。这类人为了取悦异性，会想方设法在事业上有所成就，工作更加努力，所以人就显得更年轻。

一个人是否爱自己，有一个检验方法，就是看他能不能独处。爱自己的人认为：独处是人生中的美好时刻和美好体验，虽然有点寂寞，但寂寞中却有一种充实。独处是灵魂生长的必要空间。在独处时，我们从别人和事物中抽出身来，回到了自己，灵魂上的生活都是在独处时展开的。所以一切注重灵魂生活的人都会说，“独处时从来不感到厌烦，闲聊才是一辈子忍受不了的事情”。爱好独处的人同样可能是一个性格活泼喜欢朋友的人，只是无论他怎么乐于与别人交往，独处始终是他生活中的必需。在他看来，缺乏来往的生活当然是一种缺陷，缺乏独处的生活简直就是一种灾难，当然世上也没有一个人能够忍受绝对的孤独。

世上还有一些灵魂空虚的人，他们最怕的就是独处，让他们自己呆一会，简直就是一种酷刑。他们只要闲下来，就必须找个地方去消遣，什么卡拉 OK 厅、录像厅、电子娱乐厅或找人聊天。自个儿待在家里，就必定打开电视机，没完没了地看。他们表面上过得十分热闹，实际上他们的心灵极其空虚。他们所做的一切都是为了想方设法避免面对自己。他们就连自己也感到了一种贫乏，和这样的人待在一起是最没有意思的，再无聊的消遣也比这有趣得多，这样做的结果使他们变得越来越贫乏，越来越没有了自己，形成了一个恶性循环。他们不可能有高质量的社会交往。他们跑到别人那里去，对别人只是一种打扰，一种侵犯。一切交往的质量都取决于交往者本身的质量。唯有在两个灵魂充实丰富的人之间，才可能有真正动人的爱情和友谊。当然两个空虚的人处在一起，也是一对很好的伴儿。

现代爱情七要素

相信爱情，但不迷信爱情 相信爱情能天长地久的存在。但爱情可能随时间的变化而变化，它的消亡不一定意味失去生命的全部内容。对爱情作如此认识，可以使我们不迷信爱情，也就不容易因失去爱情而受伤绝望。

要有理性的主动 守株待兔式地等待爱情，一定会错失很多机会。但盲目抢夺爱情，则会损人不利己。要善于观察，勇于追求爱情，才能真正得到爱情。

具有爱的能力 爱的能力包括付出的能力、理解的能力、宽容的能力和自我承担的能力。不要指望爱人会为我们分担一切，很多东西我们仍然需要独自面对；要常考虑能给对方带来什么样的快乐。

有一点心理弹性 享受爱情的亲密，接受爱人的疏离，松和紧都能悠然掌握。拥有时要珍惜，失去了就赶快转弯，不必没完没了地追逐过去，相信新的爱情就在前方。

了解一点爱情心理 似可得又不可得的状态，感情极易升温，利用这一点可以强化爱情气氛。新鲜花朵永远是爱情所需。诸如此类，恋爱技巧，要多学几招。

有一点经济基础　虽然物质和爱情不一定成正比，但有一点物质基础绝对有益于爱情的健康生长，不食人间烟火的爱情不会长久。

能进也能出　投入的时候可以忘我，结果出现时让理性站出来，所谓“该放手时就放手”。

总之，爱情是人生最美丽的梦，你能说你做了一个成功的梦或失败的梦吗？所以说，爱情是超越成功与失败的情感产物。

男女谚语十五条

• 男人想当女人的初恋情人，女人想做男人的最后情人。

• 女人姣好的长相，是男人迅速坠入情网的导火线，男人的甜言蜜语，是女人乐于被拉下爱河的手段。

• 男人追求女人，如隔着一座山，女人追求男人，如隔着一层纸。但男人往往能追到自己喜欢的女人，而女人却得不到她所爱的男人。原因是：男人愿意付出，女人不愿施舍。

• 男人获得爱的方式是迅速出击，女人对爱喜欢慢慢渗透。

• 男人热恋时有用不完的聪明，女人热恋时却变得毫无主见。

• 男人考验女人的方法是远走高飞，女人考验男人的方法是约会迟到。

• 男人为结婚而恋爱，女人为爱情而结婚。

• 婚前，男人说你是我的一切，女人说我属于你。婚后，男人说我是你的一切，女人说你属于我。

• 晚出夜不归的是男人，梦想有个家的是女人。

• 当一个男人不修边幅时，人们会说：他的老婆可真够呛！当一个女人仪容不整时，人们会说：她的丈夫可真倒霉！

• 一个成功的男人背后，总有一个贤惠的女人，而一个成功的女人背后，常是一个伤心的男人。

• 男人酒后话多，女人婚后话多。

• 男人较重视女人的激情，女人较重视两人的亲密度。

• 男人靠捧，女人要哄。

• 男怕干错行，女怕嫁错郎。

人的性格

人的性格分 4 种类型：力量型、快乐型、完美型、和平型。

力量型　说话快而有力，哲理性强有感染力，能吸引人，朋友多而且关系“铁杆”。脾气较大，给人感觉好起来特别好，坏起来特别坏，“刀子嘴豆腐心”。工作能力强，办

事快而牢靠，常居领导地位，易掌握主导方向，但细节上较粗心。胆子大、责任心强、婚姻方面容易找到恋人，也可因个性太强或动粗而失去配偶。

快乐型 喜欢唱歌但不识谱，喜欢结交但常记不住人名，工作能力强，朋友较多可都是一般朋友，没有能“两肋插刀”的铁杆朋友。穿着打扮喜欢鲜艳新奇引人注目。办事效率高较粗心，常被各种机遇所吸引，什么都想干但干好的成功率不高，也不算很失败。样样都会一点，只是都不精通。给人印象脾气好、易相处、善良乐观、活泼好动。

完美型 办事认真心细，所有小事力求完美。单位中常居二把手位置，可辅助领导工作，打扮素雅得体细致周到。常因考虑问题过多过细而失去很多机遇，办事不干则罢若干即很完美。工作能力稍欠，主要是办事速度较慢。朋友不太多，关系都过得去。婚姻方面常因要求过高过细而错失良机，一旦结婚不易离异。给人印象是特别小心翼翼的人。

和平型　个人意志不强，喜欢顺从别人意见，办事认真但速度较慢主动性差，说话声小语言不多性格内向。在单位里常是一般工作人员，别人的评价是“老好人”。理想不高、要求不多、是个埋头苦干的老黄牛。朋友不多也无仇人与世无争，穿着打扮一般，表情较淡无明显的喜怒哀乐。在资格很老时也能当上个小官。家庭生活平淡温馨，每日按部就班地生活变化不多。因主动性差所以找异性朋友难，一旦结婚也不容易离婚。

《西游记》就是活灵活现地描写了这4种类型人物。孙悟空是力量型、唐僧是完美型、猪八戒是快乐型、沙和尚是和平型。生活中这4种类型的人比比皆是，经过生活的磨炼有些人可具备双重性格，如力量型+完美型，快乐型+和平型等，但人能完整表现出自己性格时是最快乐的。婚姻结合主要是由地理环境和自然条件及经济基础来决定，考虑性格的因素占据不多，原因是人们还无法认清自己和对方的性格时就已结婚。所以不同类型的人都有结合的可能。认清性格可帮助我们婚后的相互了解，接纳对方的全部优缺点，制定自己的相处方式，使双方保持自己的原有特性才能快乐地生活。一般性格相同可增进了解，性格相异可达到互补，它们是各有各的好处。生活中各种性格的人都很重要，比例各占1/4，比如有领导就要有群众，有性格外向的人就有性格内向的人，有粗心的就有细心的，有爱说话的就有不爱听话的，性格的不同才能使我们的生活丰富多彩。

性与情感类型划分

按性感类划分

稳定型男人　他们需要性，但没有过分的欲求，婚内的性生活完全可以满足这种男人的生理要求。在他们看来付出时间、金钱、精力甚至名誉和前途去找婚外女人性交，实在是件得不偿失的事情。他们是性交中的君子，却可能是乏味之人。他们很少关心性行为可能带来的种种多姿多彩的享受，而只关注欲望的宣泄——射精。

色狼型男人 他们总是不断地去寻找新的性欲刺激，他们恨不得自己能是尽天下美女供己所幸的男人。夫妻间常规的性生活无法满足他们的欲望，猎被猎目标只一次，就不想再重复第二次，如果不能有新的艳遇出现，这种男人精神上的痛苦甚至超过他们肉体上的痛苦。如果他们的自身条件不能很顺利地得到情人，他们就会出现侵略性和进攻性行为。容易成为强奸犯或嫖娼者，他们希望自己占有女人的数目越多越好，有时他们也怕得性病，有一点预防疾病的措施如体外射精、避孕套等。他们常由于思想压力大而出现神经症状。

开放型男人 是介于色狼型与稳定型之间的男人，常被人称有点“花心”。

开放型女人 她们会向男人主动出击，以获取男人为乐。她们对权威通常持否定观念，敢于正视自我。在性交过程中她们也往往采取主动。她们往往不甘心于寂寞，一旦丈夫离开较长时间她们就易有婚外情。她们与色狼型男人的区别是：不是所有的男人都对其有吸引力，她们对男人也会精挑细选，一旦选中，也能维持很长时间。就是不能独处太长的时间。

稳定型女人 她们有正常的生理欲求，却绝不会向往与婚外男人发生性关系。她们的情感和肉体都只能交给一个男人，那就是她们的丈夫。让这种女人满足也很容易，性在她们的欲求中只占很小的部分。即使丈夫满足不

了她的性欲，她也会用传统的性观念来克制自己。

按情感类划分

儿子型 他们是那种“永远也长不大”的男人，他们平时可能是男子汉气十足，但他们的内心是软弱的。遇到紧要关头便会逃避责任。这种男人往往对妻子表现出很强的爱恋，一日不见便寝食难安。从小受父母的宠爱过深造成他们对妻子的依赖过强。

父亲型 这种男人早熟，往往很小便开始承担家庭的负担。他们是包揽家务、疼爱妻子、体贴儿女的男人，他们通常很细心地表现在对妻子的态度，可以让女人尽情地撒娇。

女儿型 这种女人有小鸟依人、柔情似水、害怕孤独，不想操心任何事情的女人，她们只干自己高兴干的事，不会为了责任勉强做违背自己心愿的事。她们需要父亲型的男人。

母亲型 她们在精神上和生活上完全独立的女人，她们会像疼爱自己的孩子一样关怀男人，甚至可以纵容男人的一些出格的举动。男人是淘气的孩子可以到她们的怀中撒娇。与男人相处时她们天生的母性得到释放。若母亲型女人被伤害了，她们会独自消化，走向独身生活。

以上的种种划分不可能是绝对完美的，无论男人还是女人，都有开放的一面，也有保守的一面，都有长辈的一面，也有像孩子的一面。只是主流上有所偏重。例如，对于稳定的人来说，也有幻想开放之时，只是在实际行动中不会主动出击。对于开放的人来说，也想着保守本分，但遇到诱惑就无法控制自己。同样儿子型的男人也有短时间的父亲型举动，母亲型的女人也会渴望在男人怀里撒娇。我们只是借助这种并不十分科学的划分，来分析人的大致行为和需求，以便找出与之相适应的生活方式。

不同类型相遇后可能出现的状况

开放型＋女儿型的女人，在前面所述人的性格一文中属快乐型，她可在开放型＋父亲型的男人那里得到安慰。她们常选择年长她们许多的男人，对稳定型＋父亲型的男人十分钟情，但往往得不到他们的认可。

开放型＋母亲型的女人，多属力量型，她们多愿意找与自己年龄相仿的男人，常与稳定型＋儿子型的男人结婚，与开放型＋儿子型的男人成为朋友。

稳定型＋女儿型的女人属和平型，这种女人最容易获得幸福，但她们必须与稳定型＋父亲型男人相遇。这种女人如果幸福便是大的福分，如果不幸便是大的不幸。

稳定型＋母亲型即完美型的女人，适合找稳定型＋儿子型的男人，如果遇到开放型＋父亲型的男人，两性的战争之火便注定点燃了，可能天天有小吵，月月有大吵，最后看哪一方有所改变或分道扬镳了。

开放型＋儿子型即快乐型的男人，这种男人的两性生活注定难以美满，如遇到开放型＋母亲型女人，是会结婚的，并对妻子持一份自认为是深厚的爱情。同时他将继续猎艳的旅程，妻子也常宽容对方的艳遇。也许会成为很好的搭档。

开放型＋父亲型也是力量型的男人，这种男人选择的

余地要大得多,最理想的选择是稳定型+女儿型的女人。这种女人忍耐性较好,她会对自己丈夫的风流韵事一无所知,或者知道了,也学着认同"男人都不是好东西"的说法,只要有一些安全和保障就维持婚姻。如果选到开放型+女儿型的女人,只要双方都容忍对方的不忠,也许是最理想的情人。如果选到开放型+母亲型女人,生活中若遇有外界吸引因素容易分离。需要预防的是,别选到稳定型+母亲型的女人,这样就会成为不共戴天的敌人。

稳定型+儿子型的男人属和平型,切不可与开放型女人相遇,否则他的痛苦会远远大于单身生活。他若与稳定型+母亲型的女人结婚,会幸福无比,与稳定型+女儿型人结合会整天吵吵嚷嚷。

稳定型+父亲型属完美型男人,如果他选中稳定型+女儿型的女人做太太的话,就能拥有真正的幸福家庭。如果选中开放型+女儿型的女人,感到幸福的则将是女人。如果选中稳定型+母亲型的女人成为夫妻,这将是一对真正有可能做到举案齐眉的夫妻。他们的生活将平静而幸福,却缺少激情。

色狼型属力量型男人,一般都是单身,即便为了要孩子而结婚,也会在孩子很小时就离婚,长期处于自由状况,也是孤独状况。

因为性是人类自我最强烈快感和最普遍焦虑的来源。无爱欲的性高潮使人憎恨异性,将异性视为一种满足欲望的工具,随之而来的将是更大的空虚。若经历的异性越多,空虚便也会越强烈。色狼常说"我做爱了,却没有任何感觉",无爱欲的性高潮将使其的性欲永无满足。

色狼的出路是：先让自己安静下来约1～2年，再慢慢寻找出与自己能够共同生活的伴侣，并在生活上建立与亲戚朋友都相适应的基础，才能与其共同探讨性的结合，逐步提高性的技巧，使对方的高潮与自己的高潮达到一致。这样的性感觉会一步步提高，一次比一次更完善，无穷的乐趣与性满足也一次比一次更高，最后达到安定、稳妥、满足的婚姻生活。

人类智能八种类型

人类智能基本可分为8个方面，某一方面智能高就可在儿童期6岁前表现出来。

语言智能　善于用语言描述听到的各种声响，喜欢给人绘声绘色地讲故事，常说出别人讲错的词。这类儿童语言智能高。

逻辑数理智能　喜欢提些怪问题，比如人为什么不会飞等等，喜欢把玩具分门别类放在一起。与人对话时爱推理，如妈妈对三岁孩子说“你长大了，应该自己睡小床”，孩子说“那爸爸这么大，还跟妈妈睡？”

音乐智能　喜欢伴随着乐器的弹奏唱歌，并能准确判断出各种乐器声音。

空间智能　善于辨别方向，极少迷失道路，绘画逼真。

运动智能　喜欢自己动手，很多东西一学就会，喜欢模仿电影动作或道白。

人际关系智能　善于观察父母的心情并领会父母的忧与乐。对人落落大方，懂礼貌，见了生人也能像老朋友一样说话。

自省智能　善于判断该做什么，不该做什么。容易说“我生气了才这样干”，把感情与行动联系起来。

自然观察智能　善于辨别出物体之间的微小差异，喜欢摆弄花草小动物，不喜欢一般的玩具。

与普通男友的交往

人生在世没有几个朋友互相帮助是不行的，女人也要适度地交几个办公室男朋友才能干好工作。一般男人对性格开朗的女人抱有好感，因为比较容易相处，所以女人要表现出单纯开朗的一面，让他们感觉到你是真心诚意的，对人不抱戒心的，别人才会毫无保留地帮助你。当然世上没有免费的午餐，要想男人心甘情愿为你忙前忙后，就得在他们需要的时候也能够帮助他们，譬如为他们准备一些零食小吃，在他们心情不佳时，送上几句安慰的话，表现出你的理解与包容，要与每个同事保持适当的距离，不要随意交往，不然的话绯闻满天飞，就得不偿失了。

与男人交往不能急于求成，过于功利，也不要整天在脸上挂着讨好的表情，要有长期交往的准备，出发点是保持友谊为我所用，又没有后顾之忧，不要伤害到自己，最好达到双赢的效果。下面列出11种类型男人。前6种是一定要交的男友，后5种是不能交的男人。

赌徒型　这种人敢冒险、有魄力，一旦下了决心敢上刀山下火海。跟在他后面不用动脑子，坐享其成就行。缺点是万一他失败了有危险可能连累到你。

老实型　这种人会不计得失埋头苦干，你的身边要有这样的人，可以把自己不想做的事让他做，不想干的活让他干，不过缺点是他反应慢，要你在一旁点拨。注意用完后要适当地给一点物质奖励。

快速型　这种人反应快，招之即来，来之能战，用处不小。但缺点是办事不讲究质量，做完就算。你要注意把好质量关。

绅士型　此种人擅长体贴，会照顾人，能把你照顾得舒舒服服。缺点是：发展下去他会一厢情愿地做你的专职男友。所以要注意保持一定距离。

幽默型　有个开心果式的男友也很有必要，无聊时他会逗你开心，日子会过得快一些。缺点是：时间一长他会不分场合乱开玩笑，你要会控制住他。

大树型　工作中你难免会遇到难处，如被领导指责、被同事为难、被工作困扰等，大树型朋友会为你挺身而出帮上你的忙，有点像关键先生临危受命、英雄救美。遗憾的是这么完美的男人不好找。

自恋型　这种人常神经兮兮，自我感觉良好，比较自私，喜欢别人围着他转。不愿助人，常交不到朋友。

内向型　这种人整天沉默寡言，忧心忡忡，说话时先要叹口气，再好的心情也要被他弄坏，所以用处再大也只有放弃。

进水型 现在脑子进水的男人真不少，平时高谈阔论把死鱼说活，一碰到问题傻了眼，对这种人最好敬而远之。

警察型 这种人什么都想知道，什么都要管，整天东奔西窜，忙着传播流言，以消息灵通人士自居，最后把你也给卖了，还是少接触为妙。

色狼型 这种人色迷迷地跟你套近乎，如果是你的顶头上司后果就更严重。一旦你对他表示有好感，你就等着受罪吧。所以不跟上司交朋友理由最简单，一是流言飞语让你受不了，二是弄不好羊落虎口，损失惨重。

观察男人是眼力问题，更是一个直觉的问题。需要全面观察，谨慎行事。一般的，缩头缩脑的人素质差，太胖的人没心没肺，太瘦的人心术不正，脸面圆的人比较自顾自不喜欢帮别人，脸太长的人喜欢虐待人。如果有满脸横肉的人，肯定是欺软怕硬，走路内八字的人自私，外八字的人不够稳重。昂首挺胸的人内心太傲，曲背弯腰的人内心太虚。眼睛斜视的人心怀叵测，眼睛看天的人容易要求高，打扮花里胡哨的人易是花花公子，穿着拘谨的人为人比较小气。言行举止干脆利落的像个男人，也更容易交往合作。

办公室里的女人很少有升职的压力，没有那么多顾忌和忧虑，性情总比男人开朗，女性总能带来新鲜和时尚感，总能得到关注和议论，女性看上去单纯可爱，有话可以尽情地说，有问题可以装不懂，有难处可以装糊涂，女性心细胆不大，有魅力，少魄力，一般不会成为别人的竞争对手。所以办公室里女人天生的富有活力和沟通力及带动周围人的能力，老板都是很高兴的。

男人天生喜欢争风吃醋。如果女人天生动人或嘴巴甜一点，业务能力好一点，那么对男人的感召力就不言自明了，稍微刺激他们一下，就能激发起他们的争强好胜心，不是说"男女搭配、干活不累"吗？女性如果能够把生理上的吸引转化为办公室里的动力，让男人坐立不安，带来活跃的氛围，就能带动办公室的工作，自己也能够毫不费力地从中得利。

女人要想把吸引力转化为动力并不容易，要先克服害羞心理，适当地表现自己，让别人能够感到你的存在，用开朗单纯、活泼快乐，能够给大家带来开心的方法与人交往。有了问题可虚心地说"请问，这件事应该怎么做?"逐步达到能妥善正确地处理突发事件，同事有事会想到你，而你也会与他们有商有量，待关系融洽，就能轻而易举地调动别人的积极性。如果有你在，同事就会主动要求加班，在老板眼里你就是一个不可或缺的人，有事时首先会想到你。这就是你的成功，你的动力。

铅笔的原则象征人

一箱新铅笔要上市了，制造者说，我有5句话告诉你：

你将来能做很多大事，但是有一个前提就是你不能盲目自由，你要允许自己被一只手握住，即要受法理约束。

不要过于固执，要承认你所犯的任何错误，并且勇于改正它，即人要不断修正自己的缺点。

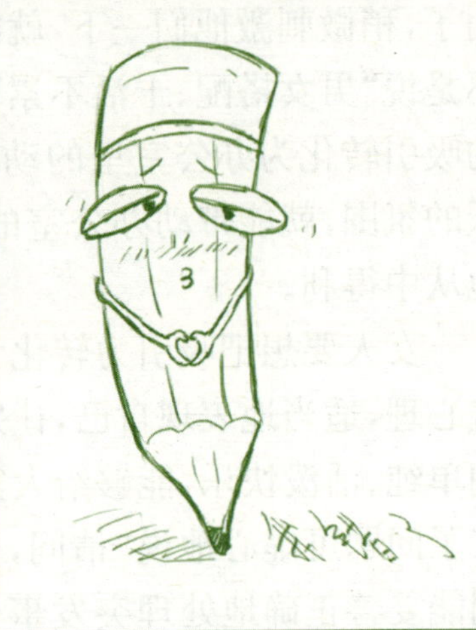

你可能经常会感受到刀削般的疼痛，但是这些痛苦都是必须的，它会使你成为一支更好的铅笔，即人都要受到磨炼。

预防性侵犯十大绝招

• 从最安全途径出入，避免夜归及走僻静之路。

• 避免单独与陌生男子乘电梯，尽量靠近警钟位。

• 信任自己的直觉，发现有人心怀不轨，立即躲避。

• 与朋友、家人多联系，让他们知道自己行踪。

• 注意门户，拒绝让陌生人入屋。

• 避免与初相识男子独处，或服药物或饮用不知名饮品。

• 明确以"不"表达不愿意的态度。

• 学习有效自卫术，善用随身物品，如锁匙、戒指、雨伞、鞋做反击武器。

• 遇事保持冷静警觉会随机应变，如大叫"救火"比叫"救命"有效。快而准地攻击对方弱部位，如眼、耳、鼻、下身等。

• 谨记犯案者特征，并与对方谈话拖延时间，寻机逃脱。

第三部

无知是迷信之母：恋爱技巧及婚前性知识

恋爱是美丽的，婚姻却是神圣的。

——伊丽莎白

一个人如能在心中充满对人类的博爱，行为遵循崇高的道德律，永远围绕着真理的枢轴而转动，那么他虽在人间也就等于生活在天堂了。

——培根

你若爱她，让你的爱像阳光一样包围她，并给她自由。

——泰戈尔

爱是一种甜蜜的痛苦，真诚的爱情永远不是一条平坦的道路。

——莎士比亚

在婚姻中，每个人都要付出，同时也要收回点什么：这是供求规律。

——罗曼·罗兰

不同场合女人的装扮

一般穿衣规则分3个时期：

上班装　通常情况下，要求严肃、保守、稳重。除穿职业装外，女人穿裙颜色不超过3种，衣不露肩，脚不露趾、露跟，不穿连衣裙只穿套裙，布料不透内衣。男人不穿西装短裤，不穿无领衣，西装要打领带，西装口袋内不放任何东西，袖口的标签要撕掉。

交际装　与朋友交往，谈恋爱，参加宴会，出外旅游等时，要求时尚、有独特风格或有民族特色，即自我感觉什么漂亮就穿什么。

休闲期　如自己散步、逛街、在家睡觉等时间，要求穿着舒适、随便。

首饰的佩带　一般不超过3样，而且要配套，如全是黄金、珠宝或白金。不能戴着白金项链，又戴着黄金耳环。戒指：戴在食指上是要找朋友，戴在中指上是娘家送的，戴在无名指上是丈夫送的，戴在小指上表示独身主义。戴多个指头表示富有。

青少年性教育

性的教育一般在儿童3～5岁就可以开始，最早是教育孩子识别男女，教男孩与女孩之间不同的特点。性方面的教育是在孩子问起来之时给予正确、真实的解答。如5岁孩子问小孩是怎么生出来的？回答：小孩是长在妈妈肚子里，等到成熟时就从专门的通道钻出来的。

6岁男孩问：妈妈纸篓里为什么有血，是你流的吗？回答：这是月经血，每个女人，每个月都有几天流这种血。这属正常的现象。所以女人都比男人力气小，男人要保护女人，不能欺负女人，懂吗？

6岁孩子问：妈妈生小孩的通道在哪里？回答：解小

便的通道在前边，解大便的通道在后面，这两者之间还有一个通道是流月经血的地方也是生小孩的通道。

10岁小孩问：妈妈什么是强奸？报道说那罪犯强奸了5岁、10岁等5个幼女，我怎样才能防止强奸？回答：小女孩的衣服是不准让别人脱的，小女孩的身体是不准男人看的。如果有人想强剥你的衣服就是想强奸。你要注意保护自己，不单独跟男人到没有人的地方去，不跟陌生人走，天黑时不独自在外面玩。

据某项调查显示：50%的青少年渴望了解性，70%的男孩第一次遗精未请教过人。77%的女孩为月经初潮的来临感到恐惧。性教育的目的主要是，防止性侵犯、性骚扰、性罪错（乱伦）、早恋等。防止“一失足成千古恨”，使每个人在性的问题上能健康发展。

择偶原则

• 首先要考虑对这个人是否有爱，即这人看着要顺眼，听其说话要顺耳，轻微的接触要舒心。这是与一个人长期相处的首要条件。

• 再看其社会能力、经济能力、生活能力，即观察跟这个人生活在一起，是否比自己独立生活要好一些，正常情况下两人互助生活应该比单过要好得多，至少是持平。如果谈了朋友，生活条件反而下降，那就要考虑了。这也能看出双方的责任心和真心。

•观察对方是否有比较大的毛病，如性格太坏易打人动粗，或不讲理常发脾气；过度吸烟酗酒赌博；是否有隐瞒的吸毒、性病等。

以上3条至关重要，缺一不可。常有人忽略第一条，只重视第二条，未发现第三条，造成婚姻失败，不能白头偕老。而重新再寻找真实爱情，是一件对心灵伤害的累人之事。在寻寻觅觅中，男人找得太多变成"花"，女人要是失败太多变成"祥林嫂"，所以在找朋友时，要睁大眼睛细细观察，尽可能避免出错，一旦结婚或关系公开应尽量维护，否则社会舆论不好，威信扫地，人生的意义就会减少很多。

男、女不同的择偶观点：男的一般都爱美貌、爱性感、爱苗条、爱温柔。而女的对男人爱才华、爱魅力、爱责任、爱气质、爱风度，要有地位、有价值、有关系网……总之要能担起家庭经济的重任。所以符合男性眼光的女性较多，而符合女性眼光的男人太少。常有人对家庭抱怨"选择错误"、"命运安排"、"婚姻文盲"，实际上是性爱艺术的文盲。

找异性朋友的方法

•首先要认识到不论男女都应主动地去寻找自己的另一半，这是正当的合法行为，没有什么不好意思，不能像守株待兔似的，漫长地等待对方的出现，特别是女性，要打破被动的思想观念。

•从自己认识的所有异性中，仔细分析一个一个地排列，在矮子里面挑高个，差的里面挑好的，总能筛选出1～2名候选人。如果交友的范围太窄，可委托几个熟人在他们所认识的人中介绍一些，也可到婚介所中去挑选。

• 当选出一个基本合适的人时，可打电话约他（她）出来见面，谈一些自己的往事、一点点个人的经历等，对方一般都很敏感，一般在一周至一个月内就有比较明确的反应。如愿意继续交往或被动应酬，总之可以看出他（她）若同意，也就开始了解恋爱，他（她）若不同意，说明他（她）已有知心朋友或思想观念不一致性格不合或没有“来电”就没有必要再交往，可重新选人，不必有失败之类的想法。

• 一个人的条件有很多，如文凭、工作能力、个子、身材、相貌、经济、生活能力、健康等等，不可能找到十全十美的人，要注意你需要得到哪几方面，又要失去哪几方面，对自己的条件和对方的条件都有客观现实的认识，不能要求过高。

• 恋爱后结婚前，一定要把日后的住处、生活费来源、性病的排除等最基本条件安排好，防止受骗上当或被传染上性病。

• 谈恋爱，很少有一次成功的，几乎都有过感情受挫的经历，情感的失败并不一定是坏事，也许是好事，它能避免你与不合适的人相处，造成双方的伤害。所以说“失败是成功之母”这句话在性爱领域里也适用。退一步海阔天空也是这个道理，失败后不要自卑，也不要忧伤，擦干眼泪，理清思路，再去寻找更合适的人，这个世界上总有适合自己的另一半。因为人具有群居性，任何人都需要互助互爱，人在这个世界上至少要有一个好朋友，那就是爱人。

子女和父母等亲人，因年龄的差异总有些“代沟”之嫌，观点不易相同，很难相伴到老即使能够相随，但相处的快乐远远不及夫妻间的幸福。

• 成年人是先了解一个人才会喜欢这个人，而青春期的男女则是首先觉得一个人可爱，能吸引自己，才会对这个人的事情有兴趣，去了解。当一个人进入真正的恋爱时期，对“星”的迷恋也会自然消退。

爱的征兆

• 当你正在忙时，却把手机开着，一天到晚等着他（她）的电话。你已经爱上他（她）了。

• 如果你喜欢和他（她）单独散步聊天，你已经爱上他（她）了。

• 当你和他（她）在一起时，你会假装不注意他（她），但是当他（她）离开你的时候，只要一离开你的视线，你会急着寻找他（她）。你已经爱上他（她）了。

• 当他（她）受伤或生病时，你会很关心他（她），替他（她）着急。你已经爱上他（她）了。

• 当他（她）和别人要好时，你会感到伤心至极，你已经爱上他（她）了。

• 当你看到他(她)高兴时,你也会跟着高兴。你已经爱上他(她)了。

• 当你有很多心里话想告诉他(她)时,你已经爱上他(她)了。

• 当有他(她)存在时,你就会感到环境都非常美好,周围的物体都有了生机,你就已经爱上他(她)了。

这真是要命的一针见血,只要有一个征兆出现,你会一步步地走进这个爱巢。每个征兆都是爱的证据,被你对号入座的人就是你的爱人。

女人总结的癞蛤蟆定理

女人不都是天鹅，虽然每一个女人都自以为是。当然，男人也不都是癞蛤蟆，即使被女人贴上标签也都自认为不是。但是，作为女人，我们常常会有这样的感慨：我们中的出类拔萃者往往被赛前并不看好的黑马俘获，而我们眼中的白马王子娶的要么是“傻漂亮”，要么是“丑女”，天鹅们则还没开赛就被淘汰出局。白马王子们怎么了？

正当青春，羽翼丰满的天鹅高傲的昂起美丽的脖颈，她们发现了一双双充满渴慕的眼睛。然而，等啊等啊，他们始终没有行动，而只是迟疑着，审视着，试探着，或被她们表面上的拒绝吓退。失望之余，天鹅无奈地低下头，突然发现了一道目光正盯着她们看——癞蛤蟆的眼睛。

定理一：宁可错爱，不可错过　最初，我们并没有把癞蛤蟆放在眼里。在我们编织了无数次的少女白日梦里，从来白雪公主都是被白马王子吻醒的，从来没听说被癞蛤蟆偷袭过。即使我们中的一个当初偶尔答应了癞蛤蟆的一个约会邀请，也是被诚心所感动但并没有打算就此成全他。没想到，就是这一念之差，白雪公主的故事演变成了“美女与野兽”。癞蛤蟆的成功关键在于：勇气。也许白马王子能够为自己没最终付诸行动找出一千条理由，但是却无法回答癞蛤蟆的提问——你真的做了又怎么样呢？

癞蛤蟆很了解我们：我们天生是喜欢被人追求。男人的求爱在我们看来就好像是公鸡打鸣，即使打得不好听，即使打鸣后天也没亮，也比缩头缩脑的瘟鸡好，起码它唤醒了我们。我们可能忘了我们见过的最优秀的王子，但会记住一只爱过我们的癞蛤蟆。

定理二：女人就是女人　男人们解释说，他们不是没有勇气追天鹅，而是压根儿没打算追。男人们很实际，他们认为天鹅是不能当老婆的。在他们的推理中，天鹅们自视甚高，难以伺候，娶回家中，消受不起。他们宁愿找一个温柔体贴的爱人同志，也不愿意娶一个“不怕贼偷，就怕贼惦记”的红颜知己。

他们不知道，高傲其实是我们保护自己的盔甲，一旦被突破，实质是一样的。我们希望男人用爱来化解这幅盔甲而不是被它吓退，或试图把它撕得体无完肤。

每一个女人都希望成为她所爱的男人眼中的天鹅，从这一点上说，我们希望每一个优秀的男人都成为癞蛤蟆。

情场中追求者与被追求者心态

在初恋中总有一方先主动追求对方。一般追求者的6种心态表明如下：

狂热的占有型　一般是男人爱上了漂亮女子，男人有着一种本能的冲动在体内，对女方非常热情，不达目的不罢休，甚至不给对方喘息的机会。而这一点给女人的印象却是爱得太多，一种深情的表现。面对这样的追求者，女人要用心感受一下，他的这种“爱”是给你带来美好的感动和无微不至的体贴与照顾，还是压力无穷无尽甚至是惊恐想逃避。如果是前者，那么恭喜你了。如果是后者，说明这男人就是想得到你，宁愿你在他身边痛苦，也不愿你离开他独自幸福。

君子求爱　君子爱美求之有道，他懂得尊重对方的感受和选择，不会强迫，不会让自己的爱给对方以压力，不会严重侵扰到对方的生活，更不会以爱的名义想将对方占为己有。往往他们先以关心、爱护，展现自己的能力出现。万一出现一点点危机才用浪漫的方法来赢得异性喜爱。像突出奇招，常造成轰动效应以舆论的压力来迫你就范。例如，突然有大捧玫瑰出现，当众向你求爱，你没有办法只得硬着头皮接受众人的注目礼。

自我陶醉型　这类人男女均有，他们心里只装着自己的爱情、兴奋和冲动。他们只希望有个异性在旁边是观众或听众。他们常吟哦朗诵、独白或倾诉，却很少关心你和爱护你，这是为人不很成熟的表现，经过一段时间的磨合能有所改进。如果你不满意他而拒绝交往，他（她）会以弱者的面目出现，恳求、忧伤、痛苦甚至自暴自弃，他（她）为你而醉酒、痛哭的哀伤并失意落魄，一蹶不振的颓丧。这一招很令人头痛，他（她）让你内疚不安，时刻提醒你，我的不幸是你的拒绝造成的。

面对这样的人，要有清醒的头脑，要使双方意识到：爱不爱对方是你自己的事，对方爱不爱你是人家的事，自己的感情怎么能让对方负责任呢？

强迫危险型　这类人男女均有，他（她）用心计地追求

你，如送礼物、写情书、邀请你、追随你。一旦遭到拒绝，他（她）就会有疯狂的举动，如人身攻击、搞破坏等等。或阴魂不散，他（她）始终缠绕在你身边，他（她）磨的就是你的耐心，他（她）总是能够“不经意”地与你偶遇，要求到你的家里去玩玩，或请你到他（她）家去玩，或与你的现任朋友结交。总出现在你们约会时，这类危害虽然最小，但持续时间却是最长久的。

遍地栽花型　这类人男女都有，他（她）是广交朋友，重点培养，一般对谁都好，给予关心和照顾，但对谁也没有明确表态。他（她）的心就喜欢得到众人的爱慕，看到情敌们互相打架才高兴，才显出自己的“高贵”。这类人很容易错失良机，最后遇到一个坚持者是围追堵截、不厌其烦、死乞白赖和百折不回，甩也甩不掉只好被俘虏了。

骗色型　此类人男性较多，可见后面的花花公子章节。

被追求者的5种心态：

一见钟情型　被对方的真心所打动，积极配合，热恋似火，情投意合。这类人占的比例不高。

被俘虏型　这一类占的比例很高，以女性多见，她们被对方的热心、耐心、恒心给打动了，被鲜花、礼物、关爱、呵护、山盟海誓所感动，就是看不到自己的心，也看不清对方的本来面目。再说真命天子迟迟不出现，只有跟随爱自己的人了，至于婚后幸福不幸福那只有看造化了。

拒绝型　这类人也较多，一般采取正面的拒绝姿态，如“对不起，我有朋友了”或“是的，我不喜欢你，无论你做什么，我都无法喜欢上你”等等。在表明态度后，接下来的就是贯彻和执行了。任凭风吹雨打你要岿然不动，始终让他（她）感觉到距离，最好使其能知难而退。而当事者不能贪图小利，若即若离，自玩战争之火。

逃跑型　这类人较少，主要是冷拒绝。无论对方出什么招，就是不接招转身走掉。让你满腔的热情和满脑子的策略全部落空，电话不接，约会不见，实在不行换了电话号码，换了工作单位甚至换一座城市生活，当然这样做恋爱的成本就太大了点。

利用型　这类人女性多见。你喜欢迷恋我是吧，那好以后我家里的脏活、重活、累活你就全包了吧。礼物来者不拒，还要想尽一切办法把你的钱花光。等你忙得团团转力不从心觉得可以享受胜利果实的时候，她玩起了失踪，消失不见了，等再见到时又傍上了另一位追求者，可怜的前任才发现自己上了当，成了名副其实的受害者。

【案例】　单相思的小菊

小菊是工作了两年才考上大学的，入校的第一天，学生代表发言时，小菊才发现一个不太熟悉的老乡小辉也考上大学正潇洒地发言。小菊一下子爱上了他，脑子里天天有他的音容笑貌，可小菊是女人，怎好意思主动去追求男生呢？小菊天天在矛盾中生活。有时在路上碰见，小菊主动打招呼，小辉也笑而点头回应，并没有多谈。一天小菊实在忍不住了，就写了一封信托人交给小辉。小辉不喜欢小菊就没有及时回信，想拖黄算了。但小菊天天祈盼着，过了一周无音讯，小菊知道没有戏了，但又不甘心，想等到毕业分配时再说。开始专心学习，想拿出好成绩。大学的

四年中，曾有两个非常优秀的同学追求小菊，小菊很傻拒绝了别人的好意，而心里还装着小辉。等到快大学毕业时，小菊发现小辉已有女朋友了，并和女友一起分配到外地工作。小菊错过了两次很好的机会，只能单身一人毕业回家乡工作了。

如果小菊再死死地单相思，那结局更惨。就像一痴心女孩想追求刘德华，结果倾家当产地筹集路费到香港，最后是女孩的父亲在香港自杀了。真是悲剧呵！希望所有的青年都不要强求爱情。强扭的瓜不甜，何况自己也没有能力去扭。

为什么女人爱问“你爱不爱我”

“你爱不爱我”这是女性最爱问，男人却不太愿答的问题。

男人受社会文化的影响，都比较理性，肩上负的压力和责任比较大，对“爱”这个词各人有不同的理解。多数男人认为爱包含着责任，当他并不清楚自己真正能为对方承担起多大的责任时，他会觉得这个问题不好回答，而希望能回避。

再有，理性的男人会觉得反复回答“我爱你”这3个字，是很无聊的，说一遍你听过了就行了，何必反反复复说？

女性则比较感性，她们问这个问题只是因为希望听到男友毫不犹豫地做出肯定回答。她们要的就是这种“被爱”的感觉。往往在兴起时或需要被爱时就脱口而出，问了这个问题。

如果男方真的很爱女方，愿意与她永久相伴，共度人生，就痛痛快快地快速回应，以此助兴，加上相应的举止，女方一定会感到很幸福。

为什么说“男人不坏，女人不爱”

这个“坏”字并不是批评男人在品德上，有什么重大缺陷。更不是吃、喝、嫖、赌、黑五毒俱全的坏。而是表现在追求女朋友时，有点死皮赖脸，紧追不放，让女人觉得“甩也甩不掉，难以控制”，所谓“好女怕男缠”就是这个道理。这个“坏”也是指男人追求女人的灵活性、变异性和高超性。实际上，是男人在先培养感情后得性爱的一个过程。所以说“男人不坏，女人不爱”此话流传千古，走遍世界，是世人公认的道理。

有些女人误解这句话，找朋友时对规规矩矩的男人认为是傻，就找了一个“有点坏”的男人。结果婚后男人变得更坏，根本无法维持生活，造成离婚悲剧。

也有部分男人轻信了这句话，结果尽做坏事，如能骗就骗、能抢就抢，最后走上了犯罪之路。所以说“男人不坏，女人不爱”这句话也懵倒不少男人和女人。

女人因为可爱而美丽

女人的美丽是表象，要做到可爱者才是男人最喜欢的。可爱的女人应具备以下几种素质。

充满自信　男人欣赏乐观自信的女人，现今社会男人不再是女人的主宰，女人也早已不是男人的附庸，女人学会自我拯救和自我完善永远是最重要的。渴盼男人赐予你幸福永远是被动而不安全的。这个世界上自强自立的女人多了，男人背负的精神压力就比较小，而且一个男人能与一个不仅只满足衣食之安的女人共度人生，生活永远不会陈旧，人生也会更加美好。

学会高贵　女人的高贵不一定是豪门贵族，而是一种洁身自爱的高贵。男人最反感放荡轻浮、心态猥琐的女人。女人的高贵也不是拒人以千里之外的清高，而是要给男人一种信心，即男人有了哪些提高才能是护花使者。高贵的女人往往会给男人生活的信心和勇气，会净化男人的心灵，激发男人的魅力，现代女性要做到不媚俗、不盲从、不虚华，自然少不了要有这种让男人倍加欣赏的高贵气质。

要善解人意　这里所说的善解一般指女人的温柔，男人当然喜欢女人的温柔。因为女人的温柔能给男人的心灵取暖，聪明乐观的女人往往能让对方的心灵变得通达起来。让爱在一种平淡中走向坚固和永恒，如果你过于看重他，也就是昭示他可以轻而易举地主宰你的感情和幸福了。感情是最在乎尊重和平等的。男人在爱上一个女人的同时，并不希望在爱的约束下丧失自己的一方世界，男人在乎爱情的默契、宽容和理解。因为这种爱不至于阻止男人身心释放地闯荡人生。毕竟，在男人的眼里爱情并不能代表人生的全部。

做事要有主见 女人往往感情胜过理智，恋爱中的女人往往什么意见都听从男人，这是阻碍女人发展的致命弱点。站在现实的根基上能够清醒地审视自己主见的女人，是男人眼中可爱的女人。

总之，女人的出现能给男人带来快乐，能使男人生活得更好一点，男人就会听从你的话。

男人是淘气的孩子，你越不让他出去玩，他越闹着要出去。不如放他走，玩累了、挨打了、摔伤了、饿了，自然就回家了，还会感激涕零地说：还是家里好，还是老婆好，我们向往自由，但更渴望安全。

不回家的女人对男人是一种威胁和魅力，使他们会更快发现家的好处，他会比你先回家。只是不能玩得太过度，要适可而止。

婚外情中的男人和女人，最终往往都是以情断意绝为归宿，这其实是一种必然。除传统的观念、道德的因素外，人们大多没有足够的时间、精力和资源来维持长期的婚外性关系。

涉足婚外恋的男人，最终离婚者十有八九不是因为外面的女人太好，而是因为家里的女人太糟，而糟的主要原因是——嫉妒心。

【案例】 寻找已婚男人 彩霞自找苦吃

彩霞刚退休,丈夫因心脏病突发,短短几个小时就离开了人世。彩霞一个人在家很孤独害怕,总希望有人来陪一陪自己。结果等来的多数是已婚男人,他们非常热情地说:"你就跟我好吧,等我老伴去世后,我就娶你"。开始,彩霞对这种男人不屑一顾。可是遇到单身男人时就像遇到怪物一样,这些人都不热情,有时第一次见面,就连一杯水也没有喝到。这使彩霞转变了观点,认为谁对自己好就跟谁,不管他是否有女人。

彩霞每天上午跳舞,下午打麻将,在外认识了很多一起玩的朋友。可是只有一个已婚男人对自己好,彩霞开始接受这个男人,认为能得到半个男人也是好的。慢慢地彩霞发现这个男人每次都是匆匆忙忙地亲热一下就走,男人想让彩霞可以随叫随到,但彩霞有困难想叫男人帮忙却不行。彩霞若生病了,一样没有人照顾,这半个男人只能偷偷模模地来同享欢乐,不能大大方方地来共担痛苦。大部份时间彩霞还是只身孤影,无依无靠,没有着落。一个人上街散步,看见别人都是成双成对,自己显得很可怜。自己已经是第三者了,但那男人的妻子也像第三者一样在搅着自己的幸福。平时还感觉这半个男人更多照顾他妻子一些,自己有点像玩物,被人瞧不起。很快彩霞也无法接受这种男人了,只有另外寻找新的对象。那男人就算是找玩物也是有条件的,即所谓感情要专一的,彩霞已公开说明要另外寻偶,那男人也就不与彩霞往来了。所以说婚外情是不持久的,往往是损人不利己而且自找苦吃。

为什么中学生不宜谈恋爱

青少年时期即18岁以下，是长身体的时期，也是性的萌动时期，人称“青春期”。这个时期对性的好奇、渴望、迷惑是难以避免的。由于青少年的思想观念、性格、能力等还未稳定，有很大的变化，所以很难把握自己“爱的航向”。理由之一是不易看透谁是适合自己的最佳人选，其二每个人的发展趋势都未定型，变化较大，如学习好不见得工作能力强。学习好的人有时碰到一点不如意，学习成绩又会直线下降。学习成绩不好的人有时“开窍”了，愿意刻苦努力了，成绩就会直线上升。其三学生时期日常生活全靠父母照料，看不出他独立生活时是否勤快，讲卫生，自己是否具备料理吃、喝、拉、撒、睡的能力。其四中学生的经济来源是父母给的，而不是自己挣的，这种经济来源不会长久，说断就断，也显示不出他本人的能力，是靠不住的。其五中学生只会盲目地“跟着感觉走”，碰到一点挫折，如考的学校不一样，两地分开等小事，就会提出分手，尝到失恋的苦果。所以早恋，90％以上甜蜜没有多久，苦果确害人较长时间，浪费了美好的青春时光，破坏了爱的追求心情，到了这时比未谈恋爱还要痛苦得多，从而影响自己的学业和前程。所以说，中学时期不宜谈朋友，等到工作之后，生活独立时再谈，那时人的能力已充分体现，性格、观念、品德等已基本成熟，爱的选择可自我控制，对于家人的意见也

能客观分析，所以恋爱的条件较稳定，成功率高，也易选到最适合自己的人。

【案例】 两例中学生恋爱录

（一）

初二女生婷婷看中同班高大英俊的小华，两人一同放学回家。婷婷常找借口到小华家去玩，并且有卿卿我我之举，被小华的母亲看见。等婷婷走后，母亲问小华是否与婷婷谈朋友？小华点头承认。母亲说："你现在不能谈朋友，如果你与她好了，她的父母就要你负责她的吃、穿、住，还有学费、医药费等，我们家现在供养你一个都很困难，父母的工资总共只有1 000元，你一个人的学费和营养费就花去了500元，是全家收入的一半。你若再领个人回家，父母可就没有饭吃了，不可能只给你喝牛奶不给那女孩喝，也不能只让你读书不让她上学，父母要是没饭吃都病倒了，谁还能挣钱养活你？要想找朋友只有你工作了再找。"小华只有点头同意。

此后小华不再理婷婷，并婉拒婷婷来家里玩，婷婷追问为什么？小华说"你父母不同意"，婷婷不敢将这事与父母商量只好罢手。此后婷婷心中烦躁，看见父母就烦得很，把自己关在卧室里不让父母进。母亲越是想关心一下，她越是反感并出言不逊，父亲气急眼打了她一下，她就躺在地上像死了一样，父亲心痛地把她抱回床上，她不吃不喝只要求住到学校去。家里对她百依百顺，吃住条件都很好，父母怎么也想不通女儿怎么突然变成这样。学生宿舍人多又杂乱、常丢东西、无空调，食堂的饭菜哪能跟家里比。这女儿是否着魔了？无奈独生女儿都视为掌上明珠，只好同意女儿去学校住。母亲实在不放心天天去学校看女儿。小华仍然不再理婷婷。婷婷在学校住了一个月实在吃不了那份苦只好回家了。由于心中不痛快学习成绩有所下降，考高中时差了3分只有交高额学费入学了，同时也与小华分开了。

所以说中学期间谈恋爱是甜少苦多，不稳定的。一般都经不起风吹草动。

（二）

男生小勇、女生小芳是住在一个小区里的同班同学，学习成绩都很好，同是班上前五名。由于上学的路途较远，早晨天不亮就要走，小芳感觉有点害怕常喊着小勇一起去上学，小勇感觉小芳很热情就对小芳关怀有加，也认为自己很幸运能与这么漂亮聪慧的女孩相处，真是一件高兴之事。就在节假日他们也相约出游。可好景不长，刚高兴了一个月，就有七八个高年级的男生拦着小勇打架，说"小芳是强哥的女朋友，不准小勇靠近"。小勇不愿把"被打"之事告诉小芳怕丢面子，也不敢再约小芳外出游玩，有时小芳主动邀请，小勇理智上认为"应该不去"，可心理上却想去，忍不住心动只好去了。可同样是在一起玩，感觉就不像以前那么美好，学习上也觉得提不起精神。出现了失恋的症状，就这样小勇的学习成绩开始下滑，只有在"网上"还能找到一点刺激。在日常生活中他反应较慢，眼睛无光，易发脾气，没有笑容，常常叹气，整日感觉困乏，躺在床上不想起床也睡不着，失去了以往的灵气与活力。这很

让父母心疼，也让老师着急。好在小勇的学习功底很好，即便有半年多未用功也考上了普通大学。小芳未受影响考上了重点大学。

一般情况下男孩比女孩容易动情，他只要看到条件合适的异性一颦一笑就有心动。这也是男人的正常心理特征。所以说男孩追女孩比较多，而女孩在一般的交往中只要没有主动的抚摸与亲吻，就没有真正的动情。女孩希望与男孩一起走路、吃饭、游玩，只能说对他有点好感，希望男孩给她壮胆做一般的朋友。所以在这个例子里男孩有失恋的感觉，女孩却蒙在鼓里不受影响。

女孩失恋的原因

所有的女人都希望自己是男人的初恋并白头到老。可老天爷偏偏让绝大多数女人都尝到了爱情的苦果，一生中总有失恋的时候，现将心理咨询中女孩失恋的原因总结如下，望大家能引以为戒。

宽容贤惠的女孩 这类女孩素质都很高，对男人温柔善良、宽容体贴又往往让男人觉得她是唾手可得，没有趣味，从而不加珍惜。特别是碰到那种聪明、倜傥、渴望刺激与冒险的男人，常在最后的关头放弃她。不过她的珍贵要到失去以后才会明白，她是那种最让男人后悔莫及的女孩，这类女孩应该想办法把自己变得丰富一点，搞点有趣的变化，让男人有意想不到的喜乐。

有个性的女孩 这类女人凡事从自己感受考虑的比较多，对其他人的感受就不是那么重视，或许还意味着对家庭无法尽职尽责全情投入。因为那种牺牲与迁就是与她的“自我”有冲突。既然称之为个性就意味着与主流思想观念和生活状态有一定的距离。她不太能与男人身边的朋友和平相处，或者太不谙世故。而男人都是现实的动物，他会对她的个性迷恋不已，却不敢尝试把婚姻给这个理想主义者。特别是那些太精明世故或太懦弱传统的男人，对有个性的女人都是既爱又怕，造成最后分手的结局。

对于这类女人，个性在谈恋爱的时候也许是增值项目，但到婚姻中就有可能是减分项目了。如果不想一辈子被晾在婚姻的大门外，就要记得宽容和体谅，当然最好是能找一个同样有个性，而他又能包容自己个性的人。

妖女型 此类女人常被人称为“狐狸精”。她们的美带有一点妖气，她们聪明能干，给男人的感觉是玄妙、刺激、沉迷、上瘾，每时每刻都是战斗……妖女对男人是若即若离、欲语还休。男人搞不清她到底在打什么主意。就像红颜祸水，男人在和她们的交往中累了、守不住了，只好放了她吧。特别是传统的好男人爱她们偏偏不敢娶她们，而妖女们却很喜欢与传统的好男人过日子。没办法，天生丽质的妖女们只有找有足够信心的强势男人了。

爱使小性子的女人 女人若撒撒小娇在两人之间不但无伤大雅，还徒添风情。男人是愿意周旋和奉陪的。不过这个“娇”要分场合懂得分寸，不能不管不顾、喜怒无常、无理取闹，影响男人的事业。在现实生活中大家工作，活

着都挺不容易的，男人想到漫长的一生都要这样辛苦地迁就她时，不逃跑才怪呢。凡是爱使小性子的女人，应该想办法改掉自己的毛病，多注意场合，多关心男人。

总之要在合适的时间，爱上合适的人，才有很好的婚姻。

失恋的处理

当人在失恋时，身体里有"空荡荡的感觉"，大脑像是被抽空了一样，什么也想不起来，人似乎行尸走肉，僵化、呆板。吃饭无味，睡觉失眠，一天到晚什么事也做不成，看周围的一切都是灰蒙蒙的，无生机，也无兴趣，更高兴不起来。他（她）会对心理医生说"我的魂都被他（她）勾走了，你能治好吗？"大有生不如死的感觉。所以殉情、自杀的事常有发生。

面对失恋的人，第一步要帮助他（她）分析，为什么会造成恋人的背叛，自己到底有什么过失，对方到底是什么样的人，有什么样的要求？双方以后的发展方向是怎样的，在一起好呢，还是分开好等等，具体的情况要具体分析。当帮助他（她）认识到只有分开，才能使双方都能恢复平静，重新追求幸福时，失恋的感觉就会在短期内（15 天～3 个月）自行消失，完全恢复正常。

一般男性造成失恋的原因：①当自己的讲话对方不听或意见不一致时，就会动手打人，用武力来压服人，给对方造成不是恋人，而是奴隶的感觉。②虽然心里很爱对方，但是不会用语言和行动表达出来，造成对方无爱感觉。③经济和各方面实力条件不够，达不到女方的要求。④工作狂，忽视了自己应有的责任和对方的需求。以上 4 点，只要存在一点，并且较严重，就会导致恋人的背弃，所以男人们不可犯以上的错误。

一般女人造成失恋的原因：①在与其他异性的一般交往中，未照顾到恋人的情绪，女人要充分认识到，男人的醋性是非常大的，后果也很严重，男人的醋性不像女人，只是吵吵闹闹，而是常做出一些行动，如打人、警告对方不准来往等。②性爱互动方面，没有做积极主动的配合，常常是被动的应付甚至拒绝。③家务和工作等未用心去做好，给人很不能干，依赖性太强，包袱沉重的感觉。

以上 3 点是女人常因未重视而犯的错误。若不加以改正，触犯了任何一条都有可能会失去对方。所以女人要自强自立的同时，也要配合好对方的一切，才能维护好两人世界。

【案例】 小韦感情受伤害之后

小韦 30 岁时，妻子跟着别人跑了，小韦只能离婚。小韦做梦也没想到自己事业有成，人也很帅，妻子却跟各方面条件较差的男人走了。从此，小韦无心再找女人，就算是热心人介绍，认识了条件都很不错的女孩，小韦也提不起精神，似乎对女人已完全不感兴趣了。看见谁都认为是靠不住的，小韦一点也不愿付出，甚至第一次与女方见面也不愿请人吃餐饭。小韦的父母很着急，逼着小韦快点找

女友。小韦知道是自己有毛病，只有寻找心理医生看一看。心理医生帮助小韦分析前妻出走的原因，那是因为长期两地分居造成的。今后找女友，只要避免这一条就行了。小韦开始谈朋友了，是女方主动追求他。开始他认为自己年龄大了，乱找一个算了。反正只要女方对他好，他也就顺着过日子。可是相处过程中，他左看右看就是感觉女友不顺眼，他提出分手，结果女方不同意。这时他才感觉到提出分手的一方并不一定是很坏的人，而是有很多苦衷，迫不得已而为之。他此时此刻才真正理解前妻定有很多难处，需要一个人面对很多困难。他理解了前妻的处境，也完全原谅了前妻，这时他的病也完全好了。他妥善处理好这桩女友之事，便开始勇敢地去追求真正的爱情。

【案例】怎样才能忘记她

您好：

经过顽强地拼搏我考上了大学，由于我性格内向，不知怎样才能与同学们友好相处。我不会讲笑话吸引大家的注意力，更不会发表某个观点赢得大家的赞同，只能做一名忠实的观众，看着别人自我发挥非常羡慕，可是一轮到自己发言就心慌肉跳，词不达意，惹起别人笑话。所以，我成了一个性格内向、不爱与人交往的可怜虫。但我身材高大，相貌英俊，从不害人，也能交上一两个好朋友。一次在校园里，我看见一个非常细小瘦弱的女孩，顿时产生怜悯之心，多看了她一眼，女孩对我一笑，我突然感觉非常幸福。以往我脑子里想着别的事时，眼睛却无意中看着某个人，结果那人说“老盯着别人看没礼貌”。吓得我赶快转移视线，如今她对我笑得这么甜，我的心怦怦直跳。全身热血沸腾。就这样我爱上了她，很想把她抱在怀里，温暖她的身体，也很想给她做点好吃的让她长结实一点。我打听到了她的名字叫娟，并知道了她的班级和宿舍，我常到她容易出入的地方去守候。只要看到她单独出现时就上前搭话自我介绍，看一看能帮她什么忙或请她一起吃点东西或一起去玩。很快小娟对我也很好，有邀必到无话不谈。男女之间没有纯粹的友谊，在一次放长假期间，同宿舍的学生都已回家，我们越轨了。在朝夕相处之时我才发现她跟别的男孩也笑着相处，还一起在大街上走，我的心难过地像被刀剜了一样。找到娟，希望能得到解释时，娟却说这是她的权力。经过激烈的争吵之后，我的心已经碎了，也失去了理智，情急之时动手打了她一下，这一下更不得了，娟说我管她太严，不再理我，并更加频繁地与其他男生外出。我百般地去求、去赔礼道歉也无济于事。我实在想忘掉她，但我的心却念念不忘，怕她受骗上当，希望她回心转意。近两个月来我是吃不下睡不着，上课时听不进老师讲课，下课时不知干什么好。希望心里医生告诉我：怎样才能忘掉她？

心理医生回答：

作为男人都要学会控制自己的感情，因为大多数男人都很容易动情，一见钟情的事在一生中要出现很多次，如果控制不了就会犯罪或影响自己的工作与家庭。控制的方法有3条：

转移注意力法 你性格内向但为人善良，乐意助人，你能够交到1～2个同性的好朋友，向他们倾诉自己的烦恼，也许别人随口说出的观点很快就能改变你的困境。例如，有人说“小娟这种人风流得很，没意思，好女孩太多了，你看班里很多女生都比小娟强，日后哥们给你介绍一个。”

自知之明法 强扭的瓜不甜，对小娟可冷淡一段时间，把注意力转向提高自己能力或事业上，用自己的成功来吸引小娟回心转意，不能死缠烂打像癞皮狗一样把事情搞得更糟。

明辨真假法 要认识到女人跟别人走在一起不一定就是有什么越轨之事，只要你与小娟的恋爱关系公开，别的男人也不愿意和你共同拥有一个女人。所以你要接近与小娟共事的男人，看他们对你是什么态度，是好友还是情敌这很容易分辨出来，以此来辨别小娟是否忠诚。

如果你已经真的失去了小娟，你就要暗示自己：不要理她，不要管她、由她去吧，从此尽量不要与她见面，万一碰见了也要回避，并注意开始结交新的朋友或开展自己喜欢的课外活动，转移自己的注意力。只要你按这个方向努力去做，短者半个月、长者 3 个月你就会控制好自己的情感。以后熟练了就能对自己的“动情”招之即来、挥之即去，完全能自我控制。

性爱的期望与失望

在性生活中，双方各自都有一个期望值，期望值越高，说明性的欲望越强烈。能够达到或超过期望值，就说明性交成功。如果双方都达到或超过期望值，就意味着性生活幸福和美满，也预示着夫妻生活恩爱。

由于双方期望值不同，加上性生活中沟通理解和配合技巧上未到位，往往会产生失望感。如丈夫过了一段时间后产生"原来就那么一回事"的想法，实际上就是对性爱有点失望。而女人抱怨"光有欲望没有情"也是失望的一种表现。针对这个问题原因分析如下：

对于男人来说，他认为"欲是情的基础，情是欲的表现"，他在性欲望的燃烧中去追求情的实现，在欲的满足中去加深感情。

对于女人来说，她认为"情是欲的基础，欲是情的表现"，她往往在感情的深化、升温中才追求欲的满足。

由于男、女的观念不同，相互之间要照顾体谅，互相弥补，最后达到有情、有欲，热情奔放；情能加深欲的热烈，欲能促进情的温存，以此良性循环，逐步升温，最后达到夫妻恩爱。

偷吃"禁果"的后果

初恋男女，常是男方先想发生性关系，而女方不同意。这时男方认为女子"害羞"，只要经过第一次，以后就会自然起来，故施以强迫行为。

其实女子不同意，是认为关系还未达到结婚的地步，怕失去"贞操"就没有了独立人格。一旦被迫失去贞操，就会恐惧不安，怕对方疏远自己，使初恋的甜蜜变了滋味。再说初次性交给男方带来的是占有者的满足感，而女方因为恐惧阴道挛缩加上处女膜的破损，根本没有性高潮之感，而是“剧痛”之灾。这一切给美好的初恋蒙上了阴影。即便是顺利地结婚，也给婚后的性生活带来一定的障碍。女方会长久地记忆着“剧痛”而失去了应有的幸福，这种情绪感染着男方，也会使男方逐渐地减弱了性兴趣。所以，初恋青年男女为了保护好自己的爱情，为了婚后的幸福生活，千万不要无知地偷尝“禁果”。

【案例】 偷吃禁果的小仙与小堂

小仙与小堂经人介绍开始恋爱了，小堂很会说话，常讲些人与人之间的故事、哲理、笑话等等，小仙听得入迷，非常喜欢小堂。小堂感觉火候已到，应该有相亲相爱之举，于是他试探着做拥抱牵手等边缘性动作。小仙也感觉不错，并积极响应，给予配合。可小堂对边缘之举并不满足，非常想有真正的性生活。但小仙怕处女膜损伤，目前还没有结婚，不应该有出格的举动。就这样小堂天天请求，小仙日日推诿，相互之间也是游戏玩耍，持续了几个月。一日，小仙因高兴做了一个很小孩气的动作，小堂认为小仙不成熟，生气骂了小仙一句。小仙突然感觉到小堂不是很爱自己，仔细回想一下，确实自己各方面知识与小堂的差距很大。若跟一个不爱自己的男人在一起，那日子可真不好过，小仙害怕了，想提出分手。小堂认为：这么一个爱自己的女孩，只因为不小心骂了她一句，就生气不理我了，太可惜了。小堂想用性来挽回局面，认为万一吹了也值得。小堂开始使用强硬的手段，小堂得逞了。小仙的奋力反抗也没能阻止恶剧的发生，全身的疼痛让小仙发高烧病了一场。小仙抹着眼泪想日后只能跟着他了，只有祈求上帝保佑自己永远不要被小堂甩掉。小仙开始对小堂很好，百依百顺，也希望跟小堂尽早结婚，怕日后有变。小堂也高兴得不得了，俘获了一个人，日后自己有老婆了。但小仙从此很害怕性生活，每次都疼痛难忍，泪流满面，小声哀求尽早结束。小仙不知道性交痛属于病态，应了解性爱知识尽早调整。以为性交就是痛的，为了自己所爱的人，应该忍受。再说疼痛有逐步减轻的感觉，误认为时间长就好了。由于小仙对性生活一直不热情，处于被动应付状态，小堂就感觉夫妻生活没有了乐趣，结婚 20 年之后，小堂与小仙离婚了。

如果小堂不偷吃禁果，就能提早 20 年品尝性的乐趣，日后也不会离婚。可怜小仙，由于性知识贫乏，忍了 20 年痛苦，最后离婚了还不知自己错在哪里。

结婚的好处

结婚给个人和社会都将带来实质性的益处。

行为更健康 如已婚男性的酗酒比例要比未婚男性低得多。未婚成年人，容易出现“冒险”行为，包括马虎大意而造成的意外事件，抱有侥幸心理开快车，或发生在家庭内外严重的吵架斗殴行为和生活缺少规律性。

已婚成年人，可相互鼓励少抽烟、少喝酒，合理饮食，充分睡眠，并相互加以精心地照料。夫妻双方彼此给予精神上的支持，有助于共渡各种难关。结了婚的人会特别注意避免冒险，并且特别关注自己的健康，因为他们对对方都负有责任和义务，都有一分深情的牵挂。

性满意程度高　已婚者的性生活是单身者的二倍，已婚男性对他们的性生活满意度很高。尽管同居者他们的性生活更频繁，但他们从中获得的满意程度较低。丈夫和妻子都有强烈地希望了解对方的需求，并能娴熟地掌握对方的习惯性爱好。同懂得和满足自己喜好的人过性生活显然要比同缺乏这些因素的人过性生活更为舒服。婚姻中存在的情感纽带也是增加性生活的频率和提高性生活的满意程度的重要因素。

能节约开支　已婚夫妇可以共享许多日常生活物品，如住房、电视机、供暖设备、厨房用具等。

能增加收入　夫妻一方面能够集中精力工作，另一方面从事少量工作和两个人的家务，如打扫一个人的卫生和打扫夫妻两人的卫生差别不大，做一个人的饭菜和做夫妻两个人的饭菜差别也不大。所以婚姻中，一方可帮助另一方承担家务，使配偶能够腾出时间和精力投入工作，取得更多的成就。同时婚姻中的一方也可直接帮助另一方工作，提供建议和支持。

对孩子的健康成长有利　生活在单亲家庭中的儿童辍学率是双亲家庭儿童的 2 倍多。他们往往更容易在十几岁时就可能做了父亲或母亲，或是整日无所事事，既不上学也找不到工作。单亲家庭儿童的贫困率非常高，由于缺乏父爱或母爱，单亲孩子在学业成就上及必要的社会交往中都可能不如双亲家庭的孩子，在心灵上可能有更大的伤害，一般来说，生活在女性单亲家庭中的孩子成年以后同父亲的关系不太融洽，同父母的联系也不密切。

由此可见，婚姻确能给个人的健康、增加收入、孩子的成长等多方面带来实质性益处，所以婚姻的好处是不容忽视的。

【案例】 爱情转变了玉珍

玉珍是我的同事，她很会做家务，家里的粗话、细话、维修等都能做得很好。嘴也很甜，跟她在一起真是一种享受。她45岁时，丈夫因心脏病突发去世，她一个人带着两个孩子，能勤奋快乐地生活。有追求者看中她，但都无法接近就委托我来提亲。我第一次与她谈论爱情话题，玉珍说："不想再找朋友了，因为我从不知道什么是爱情。第一次婚姻，丈夫是军人，谈朋友的时间很短就结婚了。以后每年也就是探亲假那20天，还没有很了解，话都不能随便讲，就分开了。等丈夫转业回家，又在较远的地方工作，一周或一月才能见上一面。除了相敬如宾讲点客套话，其他就不知道该说什么了。性生活也是可有可无，是为了要孩子才做的，长期都是独自生活也习惯了。"当我为她讲述，爱情的美好，性生活的妙趣时，她惊奇地认为世上还有这么好的事情吗？玉珍心动了，愿意试一试，结果玉珍的第二次婚姻很幸福。玉珍高兴地来答谢我，说"没想到人世间还有这么美妙的事情，就像年轻了10多岁。我从前都是照顾别人生活，如今也有人呵护我，第二任丈夫会

做家务，会讲笑话，会给我买衣服，连手上的戒指也是他送的。我这辈子第一次带真金戒指，它能天天温暖我的心。”

看着玉珍粉红的脸庞，确实年轻了许多；看着玉珍的丈夫也很高兴，更有精神，这说明爱与被爱都让人高兴。

单身的好处

单身的女人　她们大多将感情看得很重要，因此便也往往成为情场失意者，在这个真情难觅的世界上，她们找不到足以让自己与之走进婚姻的男人。所以将独身视作无奈中选择的理想境界。她们是一些自尊、自强、自立的女人，也是对自己和别人负责的女人。单身的好处是没有一大堆家务等着你干，也没有很多事务要应付，一张大床都属于你一个人，你睡上10个小时也没有人打扰你，更用不着忍受呼噜声。你可以同很多异性朋友交往，没有人说闲话，更没有人嫉妒。在家里不用再小心翼翼地保管你的女性用品，你可以毫无顾虑地去做自己想做的事，没有人会阻止你。你可以经常在外吃饭，一个人吃饱了全家不饿，不用总想着要回家给谁做饭。

单身的男人　不会背上“有异性、没自由”的枷锁。朋友传呼可以随叫随到。现在独生子女多了，娶上一个女孩子，就等于把她家里的爷爷、奶奶、爸爸、妈妈都娶过来了，那该多烦呀。不用陪坐观看无聊的电视连续剧，看完也不需递纸巾。不用每天作思想汇报，说什么“我想你呀”等等诸如此类的话，省下一大笔电话费。可以肆无忌惮地观看街头美女，想与谁交往就可以去追逐。

五类男人的家中特点

腼腆温和型　在众人面前不爱讲话，不爱张扬，平时安静地干好自己的工作，类似于和平型性格。对爱人喜欢时，就偷偷地拉拉手以示喜爱，喜欢笑易脸红，特别像听话的大孩子。容易激发对方的母性欲望，他想备受呵护，乖得让对方不忍心去伤害他，他温和地完成家务。卧室里喜欢先有前奏，如亲吻、抚摸等，后才进入主题。在床上他渴望探索、创意，希望女方给予指导，是个温和全面的高手。

粗犷型男人　他不会甜言蜜语，也记不起对方的生日，常忙于事业。喜欢对方小鸟依人般靠在他的胸前，以显露他发达的肌肉。他会纵容你的一次又一次使小性子，即使他生气，只要对方道声歉，他很快软化成泥，即以柔克刚、战无不胜就是这个道理。在卧室里他常有英雄梦和征服者的欲望，喜欢灯光和镜子以展示他的肌肉，喜欢对方害羞得像处女依顺于他。也可虐恋他一把玩一些黑暗的游戏，将他眼睛蒙住，慢慢地解开衣服。他作惯了威猛不可一世的老虎，现在成了待宰的羊羔，憋得他欲望像熊熊大火一样，爱才会排山倒海不可抑制。对他不能硬碰硬，

只要他提出不同意的事，一定不能强迫他去干。

完美型男人 他生活讲究品位，吃饭时会殷勤地递纸巾，平时喜欢穿西装，收拾得一尘不染，皮鞋上都很难见到灰尘。他很少拉下脸来暴跳如雷，如果他实在忍受不了，他会脸涨得通红，嘴唇乌青。他很善于克制自己的情绪，卧室里他注重生活细节，布置得典雅高贵，可以很理性地讨论性生活细节。适当地来一些狂野的性活动方式，放荡的不拘一格的性生活，更能让他心醉神迷。

浪漫型男人 他是一个快乐型性格的人，爱一个人时一日不见，如隔三秋，若失去一个人时，他会痛不欲生，但长痛不如短痛。他喜欢休闲打扮，突出独特的个性，他会为对方写上一份情书，以示他爱对方到地久天长。但很容易在另一段感情中获得新生。一旦他的激情冷却，他很容易变得对家务事毫无兴趣。在卧室中有时讲点黄色笑话会让他助兴，他很重视语言的作用，说点小时候的话、过去的故事，都很让人开心。要常走出家庭，在外面黑处时偷袭般去抚摸他一下，野外场所做一回"露水"夫妻更令人难忘。

憨实型男人 是标准的中国好丈夫，回丈母娘家时会大包小包地将父母、姐妹、七大姑、八大姨都打点好。他的人缘极好，很容易博得岳父、岳母的欢心。他会常说"我爱你"并尽力做家务，对对方的照顾既默默无闻又无处不在。在性生活中他会非常体贴，并努力地想让对方感觉快乐，所以做完后一定要告诉他，你的感受很好，他与你是一个"平平淡淡才是真"的凡人夫妻。

轻松:是婚姻的副旋律

许多婚姻最后的解体,不是由某一方不忠、双方水火不容、两人无法交流和沟通这些致命伤,而是一些小痛小痒给双方带来的不适,日积月累,终可使压力超过双方所能承受的极限。当婚姻带给人们的压力抵消掉婚姻带给人们的快乐时,人们会开始怀疑继续维持婚姻的必要性,感情基础再好,在那些甚至有些莫名其妙的压力面前,就变得无所谓起来。

婚姻的要求并不高,它可以没有富足的物质生活,可以缺乏变化和激情,甚至可以是俗不可耐的。但不可以是让你有压力感和紧张感。轻松是比如何把婚姻经营得山明水秀更迫切的事情。为什么有的人穷得只剩下爱情,但仍然觉得幸福满足?如果物质的清贫无法阻挡两个深爱的年轻人携手进入婚姻的冲动与热情时,那么可以说爱就是婚姻的主旋律,而轻松就是婚姻的副旋律。

当激情过后,也许妻子会流露出对生活的不满,我们没有属于自己的房子,没有空调,甚至出门时连一件像样的衣服都没有……即使她的抱怨比较克制,比较含蓄,但你仍然会如芒在背,怎么舍得让心爱的女人受这么大的委屈呢?很难说她是一个“物质的女人”,她的物质欲求也不是不近人情和无穷无尽,但她至少是在无意间给丈夫制造了压力。

婚姻应是一个让人充分放松、缓解压力、补充动力的地方。如果我们对婚姻要求太高、太多，这种理想和现实之间的落差会让我们不堪重负。我们要做最大的努力，同时也应做最坏的打算，这样才能使我们轻松愉快。如聪明的妻子说："有什么啊，大不了回去做以前的工作，过以前的日子。"丈夫看着妻子轻描淡写的样子，突然就豁然开朗，轻装上阵，抱着对妻子感恩的态度去工作，去生活，那将更有意义。

吻的学问

吻是检验爱情的重要标准，如果他不爱你只要你的性，他对你的吻就少而轻。如果他的唇有些冷，舌头有些僵，就要检讨你们的爱情是否走到了尽头？如果男人处心积虑地想着怎么才能多吻你一次，甚至开车时遇到红灯也要吻一下，那就是在热恋。

一个人是不是健康的，通过接吻也能感受到一点，健康的人，口气清新，口水有点甜，舌头灵活有力，唇是温柔的，舌头最好有些霸道。

吻是走向性的通道，女性一般很警惕男人的下半身，如果男人想一步到位，只想拥有狭义的性，女性百分之百地会坚决说"不"。女性本能地要看男人唇的表现，期望从中发现爱的成分，然后才可以肯定要不要响应他的性反应。

体面的性是一种心理活动，而不是肢体运动，这时唇是最高贵和最挑剔的。因为它闪烁着爱情的光芒，汇集着无数爱的神经末梢。一个女人如果拒绝一个男人的吻，一定说明她的爱已经日薄西山。如她离婚前夕爱情已经死了，但是她仍然宽容地配合前夫的性需求，只不过她下意识地用手捂着嘴。

性虽然是男人的看家表现，但相对也是一种侵略行为。在你还不知道自己有多爱对方，或者对方是不是真爱自己的情况下，请对吻说“不”是最简单有效的策略。如果对方无法体谅你尊重你的意见，那未来的他也有可能会以不尊重的态度来对待你。这种男人脑子里想的可能只有性而已！他不值得你去珍惜，也许早一点离开对你来说反而是一种解脱。

情场浪子常是用上半身欺骗，用下半身满足。他知道上半身对女人而言意味着什么，所以投其所好。标志性的举动是：吻得天晕地转直到女人的心尖发颤，不辨东西，最后水到渠成，成了他的性俘虏，而不是爱情的女王。他是假借爱情和婚姻之名，行剥削和迫害之实。所以吻也是可怕的，美丽如蛇，蛊惑春心，因为它只可以判断今天的爱，甚至是此刻的爱，至于明天就不知道了，而情场浪子要的往往就是今天的性。

这时，女性的直觉与大脑就必须成为爱情的智囊团，而唇舌只是一个参考参数，爱情对女性而言更多的是承诺，是一辈子的事。而男人比较务实，只要果实不要开花最好，这样的爱情氛围往往让女性很不安。所以性是不可信的，更不是爱情的救星。

柏拉图指出,人的灵魂可划分为思想(理性)、意志(情感)和欲望三部分。思想存在于人的头部,情感存在于人的胸部,欲望存在于人的下身……其中思想是唯一不朽的部分,它在进入身体时就与其他部分结合了。

我们现在应该把恋爱看成是平常事了,分手也不稀奇,离婚也不是末日。爱情是由上半身开始,然后才是下半身,上半身和下半身契合,那是最完美的爱情,所以唇舌之吻是会下移的。男人爱一个女人的时候,是身心相连血肉模糊的,如果你只肯给他上半身,为了你下半生的幸福,好男人宁愿自己受点煎熬是不会强迫的。

很多男女的矛盾来源于更深的感情冲突。那么用性操纵这种手段就只能在表面上获得一时的亲近,却不可能解决任何实质问题。性,可以把爱推向高潮,却无法挽救干涸的爱河。

爱的迷茫与沟通

影视情爱剧中,男女主角总能洞察对方的心思,一切都好像是理所当然的,而现实生活中性爱却并非如此。每个人的性需要都不尽相同。A 女觉得好的,用在乙男身上可能行不通,A 女喜欢甲男吮她的耳朵,但如果乙男向 B 女照办的话,可能败兴而回。换言之,如果你想自己的性需要得到满足,就需让对方知道你的性需要,这样会减少尴尬,因为这涉及如何处理床上的温馨。

人在性活动中往往舒服时只顾得上享受，没有机会表达，事后又不好意思再讲出来，怕讲出来又没有意思了，所以常把好的一面掩盖了。在不舒服时又怕对方扫兴，不愿说出来，只好忍着。这一切都给爱蒙上了迷雾。

沟通的内容常是在平时开玩笑时、撒娇时、赞美时、调情时说出来，让对方知道你的感受、你的需求并指引他去了解你的喜好。也可通过游戏的方式，轮流做主半小时，即谁做主，另一方就要完全听从谁的，满足他的所有要求。经过1～2个轮回，各自都充分展示了自己的想法，尽管对方有时还不能完全达到你的全部需求，如“实在做不出”等等，但你已给对方指出了努力的方向，要留点时间，给对方一个思想调整过程或身心的准备时间。慢慢地只要加点心思和运用想象力去做出少许改变，你们的性生活就能够如鱼得水。

男人在性爱的表现方面十分敏感，对他们的表现若提出批评时应在措词上下工夫。一般不要直接批评，可通过撒娇的形式说“不要这样，要……那样”或先指出他做得出色之处，这样才不会伤害他的自尊。如果批评不当，男人常会跑到外面借酒消愁或找碴动手，行为粗暴。要知道性欲是男性身份的一大要素。男人只要有一口饭吃，就会有性的尊严。

沟通的方法也可先从小事入手，尽可能表达清楚。例如“在做爱时，如果你能够在即将达到高潮的时候，用力吻我的唇就好了”这样的表达肯定让丈夫心领神会。

大部分人在涉及内心深处的性需要和欲望时，都会感到忸怩不安，你也许会担心，不知道他对我会有何看法，我

的举动会让他吓一跳吗？他是否会觉得我太过注重性爱或者古怪？其实男性与女性一样，不太清楚该如何在床上表达自己的要求。所以你大可不必担心，如果不敢开口讲，就在纸上写下来，以信的形式放在他容易看到的地方，写信的优势是可以修改，可以把内容写尽，能够完整地表达自己的想法而不受环境或对方表情的干扰。

一部分人担心性感觉的变化，认为最初几夜的强烈性快感会消失，所以不断地追求新人选，常换性友。其实间隔的期限、性的技巧、语言的不同、环境的变化和工作操劳度等，很多因素决定着性快感，这与是否换人没有多大关系。只要夫妻间共同制造新奇，共同探讨性的知识，性的乐趣，每一次都可以有新的感觉，每一天都有爱的氛围。只要你们对目前的生活是满意的，你们的性生活便是正常的，无须所谓的“强烈性快感”。

女人的性感

性感的女人不一定漂亮，漂亮的女人未必就性感。漂亮的女人多的是，但性感的女人却很稀缺，男人对漂亮的女人有免疫力，却对性感的女人遐想万千。

性感分为两个层次，一种是精神气质上的由内而外的感觉。可能第一眼看到的时候你不会觉得，但相处的时间越久就越容易感受到她的言谈举止中透露着女性的魅力，让人心动，持续吸引着你。

另外一种是纯粹外观上的、视觉上的，像那种身材容貌特别好的，或者身体某个部位特别出众的，也会让男人怦然心动，这种情感是比较直接的，纯粹身体上的、天生的、自然条件比较好。

两种性感都很吸引人，精神气质上的让人更着迷更回味些，而身体外貌上的刺激更引人遐想些。男人们在打量后者时，比之前者多了些色情意味，少了些尊重与欣赏。

精神气质上的性感有以下几个特点：

诱惑　性感的实质就是骨子里的那点诱惑，令人心旗摇荡。诱惑是把天真与放荡同时体现出来，使任何人都可以从她身上感受到那种被吸引的力量。从她那里出发，你可以探讨无限种可能性，但最后总还要回归到她身边。

自信　这是性感美女至关重要的一个因素，它是性感的最高境界。当褪去华美的衣衫，扔掉奢华珠宝，留下的是真我的风采。自然和自信的品质充满阳光，历经岁月的磨砺与沉淀赋予的那种自信、从容、光华的气质，这才是真正的独一无二的、令人望尘莫及的美感。

优雅　优雅是一朵花在晨风中慢慢绽放，是温雅的眼神和温柔的声音和着轻盈优美的举止。当端庄、得体、恰到好处的清纯女子走在大街上时，全世界的男人都睁开了眼睛，让人有如沐春风之感，男人是无法抗拒这样的女子的。

妩媚　妩媚是性感因素中最让人怦然心动的一点，关键是笑容与表情让人隐约感觉很坦然、很天真、又有点神秘，是少女般的初露风情和纯真的诱惑。

个性　个性是性感的骨架，一个有个性的女人才能让人印象深刻，难以忘怀。而性感就是从鲜明的个性中显现出来。这类女人常被作家作为模特示范，完全是赤裸裸的勾引，直来直去从不遮遮掩掩，有些男人还就吃这一套，期待这个女人明天还会这么折腾，这是别出一格的强悍的美丽。

热辣　热辣是动态的、原始的、热烈的，能激起男人心底最初始的欲望。特别是热辣的舞姿给人印象深刻。那水蛇样的摇摆扭动没有任何棱角，会给人水一样的感觉、火一样的心动。

灵气　一个充满灵气之美的女人，常有语言生动、反应快、悟性强的特点。性感并不仅仅是肉体，它更是一种情趣或情怀，它给人一种隐秘的快乐，让人对她崇拜而紧紧跟随。

野性　思想前卫的叛逆青年，一个狂野不羁的女孩，她没办法乖乖坐在课堂上，常会完全靠着自己的力量，为了成功不计代价，她可一个人跑到大城市里磨炼和生存。她身体里有使不完的劲，处处迎接挑战，人称为“她是一匹野马，谁能驾驭她”，这样的女孩往往让男人跃跃欲试，撩拨起他们征服的欲望。

男人对女人性感的解释

大多数男人心目中理想的性感女子，应该是相当自信可亲，并具有幽默感，对本身的优缺点也能够泰然接受，具有自然散发的独特女人味。身材与相貌的完美与否并非绝对重要，若某一部位比较完美，能够吸引他们这就是性感，如胸、背、足、踝、颈部等。至于是哪些部位则因人而异。

一部分男人喜欢天真烂漫性格的女孩，因为这样的女孩能触动所有男人心目中最纯真的梦想，即使再坏的男人面对着她，所有的邪恶都不知道跑到哪里去了。剩下的只是他不知所以然地去照顾你，疼爱你。但男人有时候不愿意公开表示爱你，虽然他们打心底里喜欢你，但爱你对他来说却是致命的付出，他宁愿将这份喜欢常存，所以他们都会成为你非常铁的朋友。但是戴上这层安全的面具，背后却是最柔软的爱。你只有偶尔展示一下性格的另一面，如泼辣、诡异，你会发现人气指数更加提高，你也会有新的收获。

一些较漂亮的女子，能一下穿透男人的所有神经，让所有的男人第一眼就被电倒，然后他们的目光总能在你身上停留一分钟以上，他们对你做着各种各样的幻想，甚至窃窃私语，却少有人敢真的接近你。而真正勇敢走上前来的，又大多是你所不欣赏的，所以你常孤芳自赏。你可以主动接近你所喜欢的人，记着男人是一点就着的干柴。

男人也喜欢有神秘感的女人，此类人平常是安静的，甚至让人忽略，但易有突发奇想，实力多变。对人似乎亲和有加，但又似乎不可捉摸。没有人能料到你下一步会做什么，但就是你的突发奇想牢牢吸引住了男人的目光，他们变得愿意注视你，猜测你，掌握你。你应该时常给男人一点小小的成就感,他们会报之以森林。

男人也喜欢刚强能干的女人,这类女人对事物运筹帷幄,对事实据理力争,能让事情起死回生。很多男人会在不知不觉中爱上这类女人,等他们意识过来的时候,他们想的唯一的事情就是梦想把她娶回家,这类女人可把寻找优秀男人当成自己的事业去做。

男人的善意谎言

男人的面子是第一位的,为了保全面子,必须说些善意的谎言。男人的谎言因为掩藏在庄严、正经的面目之下,所以他们的谎言显得“真实”。当他们无时无处不生活在谎言当中时,渐渐就将谎言当成了真实。到最后,他们自己也无法分辨何为谎言何为真实。

例如,如果他记不得老婆的生日、结婚纪念日或孩子的生日时,他会解释说今天老板让他去参加一个重要会议,没来得及去买礼物。

当你要夺下他的酒瓶时,他说“我只喝了一点儿”,实际上他已喝了两瓶,舌头都大了。

就这样,在日常生活中,男人一步一谎,谎言如同米饭一样成了主食。男人在撒谎时虽然心口不一,但表现出来的却是理所当然,轻松自如,男人最妙的谎言是“我永远也不会对你撒谎”、“我永远忠实于你和家庭”。男人说谎的水平和心得,可以写成一本不薄的书。在这里我们只是认识男人这一特点，为己所用而已。

男人性感的十三个时刻

男人的性感是瞬间的，因为需要即刻捕捉，男人的性感也是永恒的，因为可以常驻心头。据调查统计，男人在以下 13 个时刻中最具有性感。

驾自己车时的男人　男人仿佛天生和车就是浑然一体的一对，男人驾车时显得魅力骤增，因为车在某种意义上是成功的象征。那驾轻就熟地打火、松手刹、挂挡、踩油门，仿佛这一切是他与生俱来就秉承的一样，流畅而潇洒，在他的脸上则分明写满了“自信”。他的动作间洋溢着特有的魅力，令人遐想万千，相信世上所有的女人都梦想有这么一天，她所爱的男人不经意间把车停在她的身旁，摇下车窗对她笑着说“我来接你了”。

认真工作时的男人　男人认真工作时的神情，在任何时间、任何地点都最有慑服力。他完全忽略了时间及周围一切事物的存在，在他身上仿佛有一种磁场，让人觉得他很酷。认真工作也是责任感的体现，女人最心仪这一刻的男人，而不是整天和自己粘在一起的男人。

下厨时的男人　把一打玫瑰换成爱心便当，把金银首饰换成亲手烹饪的烛光晚餐。没有什么时候比看着一个男人亲自为她下厨，更让女人感到生活的美妙和幸福了。都市人本来就被压力重重包围着，非常需要这样一种家庭

氛围来舒缓压力。女人若能得到男人的照顾就意味着日后自己病了、累了，有人照顾的福分。女人会一生一世跟随这种男人。

买单时的男人　当男人为心爱的女人买单的时候，女人会从体内油然而生一种生生世世的依赖感。是什么也不可交换的性感，那种快乐是“你快乐所以我快乐”的境界，如此性感的瞬间会有一种心弦被蓦然拨动的感觉，爱恋便情不自禁地荡漾开来。

婚礼上的男人　在隆重的婚礼中，他的眼中传递着对她的款款深情和深深爱意。当男人在婚礼上说“我愿意”的瞬间，那认真的神情、坚定的口吻足以令在场的每一个人为之动情，当他俯身去吻新娘，那深情的一吻极具魔力。在那一时刻他足以从一个男孩成长为男人，足以征服每一个女人。

初为人父时的男人　当男人抱着自己“宝贝”的时候，仿佛抱着一颗最昂贵的珍宝，一个小小的生命竟让一个平凡的年轻男子浑身都是幸福与感动。当男人用自己宽厚的肩膀扛起孩子，让人真切地感受到他的欢喜和愉悦，体会到男人这个形象的伟岸。

剃须时的男人　剃须是属于男人专用的名词，男人在剃须时往往特别自信、一丝不苟、聚精会神、沉醉其中、忘情自我，从镜子中所显现出的那张干净的脸庞令他自信百倍，短短的几分钟却带给他一天的好心情，充满了不可言语的男性魅力，青亮的下巴具有的诱惑力令女人真想去摸一摸、看一看、亲一亲。

激烈运动时的男人 男人动作快有力度，这是女人望尘莫及的。特别是在近处看男人打篮球、跳舞、跑步等，男人颤动的肌肉，男人灵活变动的身体，这些都是令女人非常羡慕而陶醉的。

摁灭烟火头的男人 男人很熟练地点燃一支烟凝神远方，陷入沉思，那时他是理性的、大度的、深邃的、举重若轻的。而当女人出现时，他果断而内疚地摁灭烟头，用无声的行动来欢迎她，这比为她脱外套拉椅子，更贴心、更有说服力，这一瞬间，女人便产生了对男性力量本能的崇拜感。女人为了心爱的男人常去为他买烟，她愿意牺牲自己也要祝福男人。

打领带时的男人 领带是男人身上一件焕发个性魅力的装饰品，是男人成功的象征，因此男人从橱里拿出那条心爱的领带，边照着镜子边戴上它，最后再自信地拉一下领带，这时的男人表情认真，有片刻的孩子气，我们可以看到男人内心世界里那一方快乐性感的天地。

邀请你的男人 男人在看中某个女人时，会用最真诚的眼神、最适当的微笑、最得体的姿势、最幽默的语言，这时的男人心里在颤抖，生怕对方不给面子，也有点可怜的表情，真是让人怜、也让人喜。还有很多男子根本不敢直接邀请，只敢在电话中诉说衷肠，或请别人出面邀请，相比之下还是直接面请的男人更自信、更有魅力。

高个子干净整洁的男人 所有的女人都喜欢追求个子比自己高、穿戴干净整齐的男人。一个男人若穿着都不会打扮，很难相信他工作会干得很好。干净的男人说明他

很勤劳、会生活，至少会清洗自己的衣服，生活自理。

思维敏捷、说话得体的男人 男人的世界观比较现实，没有幻想。如果某个男人说出的话使你感觉非常正确，你就会认为他很性感，愿意与他相处，喜欢他的声音，有什么疑问会去问他。

大男子特点

大男子约占男人总数的20%～30%，大男子嘴上常说希望妻子能干，骨子里还是希望女人做男人的附属。大男子在家总喜欢说一不二，即便是自己的认识和做法不对，也要坚持自己的那一套。大男子不希望女人成为强者，不希望女人发展自己的空间和事业。如果要发展也可以，那是在你无依无靠，没有男人依赖，被逼到绝境的时候。大男子在做爱前“积极主动”，但在做爱后“消极冷淡”。在大男子眼里除自己以外，可能一家人都不是人，女人只是一张随时可以上的床。大男子打出“女子无才便是德”，其实他希望女人既跑不掉又乖顺听话，就容易被控制了。这表现了男人的霸道，其实也意味着男人心中的脆弱和矛盾。

没有哪种女人能忍受家中丈夫的独断专横，以及单位男同事对女性的挑三拣四。大男子主义作为婚姻的杀手是无形的，只有从心底里尊重女性、男女平等才会有婚姻的长久。

话说有色心无色胆的男人

人说，百分之九十九的猫都吃腥，百分之九十九的男人都好色，剩下的那一个可能还是假正经。

男人好色英雄本色，女人的美丽需要男人来欣赏，好色是男人对女人最贴心的赞美和最煽情的恭维。如果美好的身形没人看，漂亮的衣裙无人赞，生活会有多寂寞单调。喜欢美的人证明热爱生活，心态年轻。至于男人可不可靠也许很难从表面上来判断。好色的男人可能有了抵抗力，貌似老实的男人却未必经得起一点点引诱。君子好色而不淫，可阅尽人间春色，但不能处处留情。

男人并非动物，对美色欣赏归欣赏，真正所爱应为一人。皇帝后宫佳丽三千，还专宠一人。爱情若不专一，对方也不会专一，那就没有意义了。

爱美非罪过，好色没有错，只要挡得住诱惑，不做负心汉就是好男人。

花心男子渊源

因为男子的性欲窗口是眼睛。所以眼睛看到美女即有爱的心动之念，会出现心跳、阴茎勃起、产生做爱的欲

望。这时如果美女再回头一笑给予“同意”的暗示，男人若没有很强的责任心和自制力，就会落入“花男”的队伍。

有的“花男”是因为婚姻受挫造成，男人往往比女人醋性更大，男人最怕的事就是被戴绿帽子。如果妻子被人抢走了，他就会觉得颜面失尽、无脸见人。男人从不为女子而战，他只为面子而战。离婚对一个有头有脸的男人来说，是一个非常沉重的打击。从那以后，他在潜意识里就有报复女性的特点。常常只求“一夜情”玩了一个甩一个，不顾性病的威胁，不管女人的怨恨，到处寻找猎物。他们凭着自己的权力、地位、相貌、身材、金钱，勾引起女人来得心应手。有人问他：你不怕死于艾滋病吗？答：宁愿死于花下，做一风流鬼。再问：你死于花下是情愿，但在你死之前，不知要害死多少支花，那怎么办？“花男”不语了。也许这正是他所期望的，正是报复女人的最好方式。所以女人要睁大眼睛，看清花男的真面目。不听“试婚”这一类的幌子，走正规的结婚之路。

有的“花男”是因为太空闲了。例如，家里有非常贤惠的妻子，把丈夫照料的井井有条，几乎一点家务也不让丈夫操心。所以丈夫感觉整日无所事事，非常无聊就去寻找新的刺激，去展示自己的才华，启动自己的春心。人总是要干点事的，所以妻子要有意安排丈夫干些体贴自己的事，相互说些关爱的情话，让丈夫有展示自己的空间，自然而然就能抵御外面的诱惑。

有的“花男”是因为单纯追求性快感。当他捕获一个新的异性时，由于女性的紧张与害怕，阴道是紧的。等到相互熟悉不害怕时，阴道又松了。此时的“花男”认为，女人长期无性时就紧，性生活一多就松了，也没有意思了，只有再去追求新的异性。

“花男”不知，要想女性阴道永远是紧的，必须挑拨起女人的性高潮。这项工程是非常面宽而技巧上又复杂的事。现今中国妇女，不知什么是性高潮者的比例相当高，她们只对性生活有所满意或有不同程度的满足感。当女性品尝到高潮的乐趣时，阴道在性高潮期会有节律地收缩，让男人感觉阴道很紧。而这些女性，都有非常稳定的伴侣。“花男”无论如何都看不出来，也寻找不到，更插不进足。所以这类“花男”追求了一辈子，与很多女人上过床。到了年过花甲，却是无儿、无女、无老婆、无住房、无家产。拿着较高的退休金，却像“叫花子”一样，又脏、又臭、又瘦、又咳嗽，飘无定所、生活非常悲惨。

有10%的女性坦然承认：一辈子不知什么是爱情，什么是性高潮，只知道生儿育女的方法。所以“花男”要想寻找性很成熟的女人是不容易的，但努力培养一个女伴是现实的。

大多数男人的灵与肉是分开的，与你做爱的男人不一定就是爱你。而女子认为“与你做爱，就是爱你”这种将心比心的做法是女人常常上当的原因。

有道是：家花没有野花香，野花不如家花长，家花没有野花险，野花不如家花安。“花男”是拿着自己的性命开玩笑，害人又害己。再说，与某女子第一次性交，往往并不是最圆满的，性交是要经过多次调和，反复适应才能达到最佳效果。所以“一夜情”并不是美味佳肴。

"花男"以自己的感情、热情、兴趣、欲望、感受、精力和体力等等作为代价，如果奉献给妻子会得到相应回报，如果付出给其他人得到的回报就极为有限。也可能会满足一时的刺激或快感，但往往是得不偿失，自寻烦恼。他们在寻花问柳、寻欢作乐之后，得到的是更大的空虚与孤独，甚至染上艾滋病，造成无法挽回的痛苦和遗憾。艾滋病是世界范围的难治之症。目前中国的艾滋病感染率达1/1500，但愿每个"花心"男子认清这一点，不要破罐子破摔。世上的好人要比坏人多的多，不要用自己的身体去报复坏女人，要勇敢地追求真爱，走自己的幸福之路。

女人识别花心男子的方法

•"花男"在与女友交往时，刚见面不久，只要是单独相处条件适当，如无外人打搅时，他就会动手动脚，看得出他与女人交往只重视"性"，其他均不管。如果女方不是坚决反对，很容易控制不了局面，听从摆布。

•若"花男"在与女人交往时，地位、条件、文化水平等非常悬殊，如"花男"有地位，而女方条件很一般，"花男"也不会在意，因为他并不是想真正建立婚姻关系。

•"花男"一般曾有被女人抛弃的历史，在潜意识里有恨女人、不信任女人的观念。

•"花男"一般不愿意带女友去见自己的父母或去较

正规的场合，只愿带女方去无人的家里或野外，便于性行为。有时也会带女友去见一帮很熟悉的、知情且会隐瞒的难兄难弟。

• 仔细了解"花男"的过去，都有"谈一个甩一个"无正当理由频繁换女友的历史。

•"花男"的语言常有夸大行为，他是不负责任地乱许愿，什么牛都敢吹，甜言蜜语很丰富，令人心动，很会骗人。但"一夜情"过后一概不认账，说变脸就变脸，搞得你有苦难言又不能通过正当手段惩治他。恨死他，但与他拼命又感觉不划算。最后常自吞苦果不了了之。

•"花男"一般不会在女人身上投入较多的财力和精力，对于要求他先实现自己的诺言之后，再有进一步行为的女人来说，他会很快放手，有头无尾，一走了之。不知情的女人还会思念他、等待他。只有进一步地去了解他，才能发现他已移情别恋，寻找新的目标了。

•"花男"喜欢在半夜里突然打电话要求约会或住一宿。女方常一时不知所措就答应了。

出卖感情的女人

有个别女人认为"嫁汉嫁汉，穿衣吃饭"，她们利用自己的"感情"来挣钱糊口。认为彩礼越多，自己的身份就越高，甚至找不到永久的，就找临时的，一生中嫁了好几次。她只看中钱却不细看人，当男人有钱时，她就跟过去，当男

人无钱时，她就拍屁股走人。这种女人一辈子不知“情”为何物。她们误以为生儿育女就是情，却不懂爱情是一生的承诺。她们对“性生活”也从未有过渴望，甚至认为那是一种应付男人的事。她们从来未享受过爱情的甜蜜，只有过花钱的痛快。只是好景从来就不会太长，这真是一种悲哀。

她们谈恋爱，第一次见面就谈价钱，如果价钱不合，不会再谈下去。绝大多数男人都恨这种女人，只是有的没有识别出这种女人，又急着找老婆，认为自己花了钱，就有老婆了。结果人财两空，后悔莫及。这种女人害人又害己，实属封建残余的牺牲品。

也有小部分想找“情人”的男人，喜欢这种女人，他们希望花点钱，买点野味来品尝。到要甩这种女人时，就手紧一点，编点谎言说“已没有钱了”，这种女人会很平静地离开，双方都无所谓，权当做一笔交易。

其实如今社会，女人再也不用男人养活，女人要寻找自己中意的男人。两人互相扶持，共创美好未来，这才是有情有意，有吃有穿的长久之路。

女人要找一个有钱、有能力的男人，这很正常，但要在有爱情的基础之上。就算是婚前没有机会培养，婚后也要着重培养，这样的婚姻才有意义。不能拿着婚姻当儿戏，这种游戏玩不了几次，就会被人识破，没有人再要。她本人也会认为：男人都是靠不住的，自己过更好一点，辜负了上帝赋予我们的天伦之乐。

这种女人往往没有长远打算，常常是挣到一分花一分。认为，反正是要嫁人由男人养活，所以有钱也不愿自己购房搞点基础建设。结果是老来也未找到好男人，只能找到和自己一样，无住房、无事业、靠打临工、勉强糊口过日子的男人，过着贫穷动荡的生活。同时也后悔自己年轻时乱花钱，没考虑到自己的安居乐业。

这种女人与男人相处时常想着怎样让男人为自己“多花一点钱”，没有“旺夫相”，只能同甘不能共苦，只要男人一有困境，她就会提出分手。下面是两个典型案例。

【案例】　小丽结婚只为钱

男生小军与女生小丽在中学是同班同学。小军成绩平平，家里人都有工作，所以经济条件较好。小丽成绩很好，但家中兄弟姐妹多，母亲又无工作，所以经济较贫困。小军希望小丽在学习方面给予帮助，就施点小恩小惠，一来二往两人谈起恋爱。高中毕业后，小军当了工人，小丽上了大学。小军一直资助着小丽，等小丽大学毕业结婚时，小军的父母又把全部的积蓄花在儿子的置家和办事上。在这期间小丽及家人基本未付出钱财。婚后才几个月，小丽看出小军的油水已经榨干，就打掉了胎儿，开始朝三暮四。由于当地人知道她已结婚，并知道她是什么货色，所以小丽无法再进行这种伎俩，只好下海了。并以欺骗的手段办了未婚证明。几年后，小丽来信把家里值钱的东西要光，就提出离婚。法院也以感情破裂为由，硬判离婚。而且把公婆给儿子置办的全部家当，视为赠送品，一分为二，把小丽已经拿走的冰箱、洗衣机、高档衣服等物都判给了小丽。多年来公婆资助的经济一分也未偿还。小军气愤地恨不得与他们拼了，是被亲属们拦了下来。最后小军只有这样想：权当花钱买婊子了。同时小军也认识到，靠父母的经济，找来的女人是靠不住的，要靠自己的能力，得来的女人才是真正爱自己的。

可怜小军的父母两位老人，花了一生的积蓄，只望着老来有个帮手照顾自己，却是竹篮打水一场空。但愿天下的父母别再上这种当。一定要看到儿女们婚姻稳定，并看到谁愿意与自己同住，能照顾自己，再全力地支持谁。儿女的结婚只能做一般的资助，对养老要留有余地，直到最后变成遗嘱分发，也不能过早给人。

可怜小军在小丽无工资时，帮助她，供她吃、住、玩。等到小丽有工作时，需要小丽协助他一起下海共同生活时，小丽走得无影无踪了。苦等几年后得来的却是一纸离婚书，多年的投资与情义全部打水漂了。

说实在的，小丽在中学期间根本看不起小军。只是小军出手大方能得到点经济实惠，所以小丽不顾老师、父母的坚决反对，死死跟着小军，经常到小军家玩和住。等到结婚后小军的父母钱财已用光，只剩下小两口自己工资，而且小丽的工资还略高一点，无法再靠男人帮助时，小丽就感觉不划算了，只有先逃走。

小丽只顾自己，不管别人死活，她不否认从男人那里得到的全部东西，并当做胜利品炫耀，就像彩礼越高，越有面子一样。小丽常在男人家里吃住，少不了偷吃禁果，尽管男人认为女方是自愿的。但在小丽眼里根本没有“情”字，也不知“情”为何物，只知应付性事可挣钱。甚至恨男人报复着男人。小丽在男人眼里跟妓女一样，令人厌恶一辈子，她需要不停地换环境才能得手。

人生在失去了亲情、友情、爱情，只剩下钱那还有什么意思，君子爱财取之有道，要别人心甘情愿地拿给你，那才是干净钱。作为小丽来说，应该对不喜欢的人，赠送的任何礼物给予拒绝，以免给人产生“同意”的错觉。发现自己不爱对方，就要尽早了结，该偿还的东西要偿还，不宜为点蝇头小利，出卖自己的感情，小小的年龄就要用性来挣钱，这实际上也是害了自己。人生是：有情相守才是家，无情再富也是愁。要保护好自己的感情，同时也要用好自己的感情才能得到真正的幸福。

【案例】　不愿共风雨的小英

男方小强是驾驶员，女方小英是事业单位职工。小英为达到调往城里的目的，经人介绍认识家住城市的小强。虽然谈不上有爱也结婚了，婚后生有一子。一天小强出了车祸，造成一些经济损失，小英就提出离婚。

离婚后小英不管对男方是否合意，只要男方有钱，就同意谈朋友，对方一破产就告吹。气的男方都想当她面自杀。此事传开后，小英就很难再找到男朋友，都是接触一两次，一提到钱就告吹。事后男人说：她就是找钱的。

其实小英各方面条件都很好，相貌不差、身材好、打扮时尚、能持家，做到饭香菜美，室内干净卫生。平时为人也和顺，工作能力强，可独挡一面，也是个小领导。只是恋爱观点不对，才造成无法成双成对。即便是有了男友也无法维持长久。因为任何男人的事业都不可能一帆风顺，总有起落之时，一遇逆境她就无心继续相处，而且态度坚决，不顾男方死活。真是冷酷无情！结果是小英“谈了好几个朋友都未成功”，最后只好自己过日子。

往好处说，她是要求过高，实际上是“嫁汉嫁汉穿衣吃饭”的思想害了她。她不知性爱是双方共同的享受，生活上是靠双方互助的。一旦男方需要女方支持时，女方却无情地分手，这是很残忍也很不道德之事，所以男人都恨这种女人。希望天下像小英一样的女人能够觉醒，走正确的爱情之路，同时也希望所有的女人对自己不喜欢的男人，不要去“惹”，因为惹到最后的结果往往是残忍的伤害。天底下为情而死、为情而杀的事情太多。女人不能乱蹚混水，搅进旋涡，视“情”字为儿戏，这会毁了自己一辈子幸福。

婚恋三部曲

当二人热恋时，互相间亲热恨不得融为一体，常被称之为“拱来拱去”。结婚后由于孩子出生、家务增多、责任加大、大部分人都会出现“吵来吵去”。随着孩子长大，家务减少，人的成熟相互适应等，最后结果是“让来让去”。几乎 90％以上的婚姻都离不开这三部曲，约有 10％的婚姻在吵来吵去中解散，又要重唱这三部曲。

我们不奢望婚恋永远甜蜜，只希望“吵来吵去”这部曲尽量缩短，程度减轻。请每一对相爱的人都努力吧，不要争吵，淡化事端，理解对方，早日达到第三部“让来让去”之曲。

男人和女人的性欲时差

性别的距离，也是时间的距离；时差无所不在，连人体荷尔蒙分泌及其关联的情欲也存在时差。早上10点，男人的欲望处于一天中的低谷，到正午12点进入一天中的小高潮，此时往往有约会女伴的冲动。因此，很多男人选择在这个时间里与伴侣共进午餐，表达爱意。你知道女性在一天的那个时段最容易受孕吗？答案是下午2点到4点。而这个时候也是色情网站浏览量激增的时段。

男女天生身体里仿佛有不同的时钟，如果不是的话，怎么去解释男女的时间观是这样不相同。比如大家说好在晚上7点去吃饭，好的男人会在7点以前就现身了，但女人永远不会在7点准时出现。男人约会很积极，但结婚的时钟永远比女人慢好几个小时，女人到了30岁就想快点结婚了，而男人却认为还没玩够。

所以男人和女人是活在不同时空中的，没有办法有百分之一百的沟通，两人之间，永远存在距离。是性别的距离，也是时间的距离。所以女人最爱问男人一个问题：你那边几点？

时差无所不在，平常到人体荷尔蒙分泌及其关联的情欲时差，都有人做过测算。早上10点，男人的欲望处于一天中的低谷，关于性这回事暂时抛在脑后。女人的情欲指数降至清晨时的10%，几乎感觉不出欲望的存在。正午

12 点，男人进入一天中的一个小高潮，此时往往有约会女伴的冲动。因此，很多男人选择在这个时间里与伴侣共进午餐，表达爱意。此时，性激素刚刚大量进入女人的血液，整个人又重新性感起来。

下午 2 点到 4 点，对男人来说，这是白天他们的情欲最活跃的时候。到下午 4 点左右，他们往往再不能安坐于电脑前出卖体力，而更愿意与女同事搭讪或认真盘算晚间的约会。这个时间段也是色情网站的浏览量激增的时候，浏览者当中 75%以上为男性。这时女性也有愿望与爱人接近与亲昵，医学家认为这个时段是除了夜晚之外最好的“造人时段”，因为这是一个最容易受孕的时刻。

晚上 6 点，男人的情欲重新恢复到休息状态，情欲不如口腹之欲来得那么强烈。所以，这是一个享受美食的时间段，不太利于床上活动。但科学家发现，如果做些运动，如慢跑或游泳，就能激发情欲。所以，爱运动的人普遍比那些从不运动的懒虫们情欲更旺盛。这个时段女人的情欲并不强烈，忙碌了一天只想着赶快休息一下，调情这种费时费力的活还是暂时靠边站吧。

夜晚 7 点到 10 点，一天里男女情欲最不一致的时段。这时女性的性激素水平不太高，对性爱的态度也比较平淡；男性这时却往往非常积极。过了 10 点，男人进入准睡眠状态，情欲指数开始走低。在这个时候女性体内却有了较高的性激素水平，她们因此变得浪漫而富于激情。遗憾的是，似乎女性的激素来得有点晚，这时不少男性尽管仍然想“要”，但是往往睡意朦胧，即使有了“亲密接触”，也会在高潮之后迅速进入睡眠状态。

这就是相处中的男女经历的12个小时，普通的12个小时。小到荷尔蒙分泌，步调都不一致。男女体内有不一样的时钟，所以才会有电影电视剧中被过多使用的情节：男人等待女人，女人等待男人，因为某种巧合或者故意，两人错过了相约的时间，若干年后两人重聚，也只能轻轻一声叹息，“如果多一张船票，你会不会跟我一起走？”

一分一秒的差距，积小成多，最后变成岔路。

第四部

习惯就是人生的最大指导：性爱技巧

在感情方面，也要看到对立双方的冲突才有趣；但当有一方成了主宰时，那就只不外是残暴而已。我们追求的从来都不是事物本身，而是对事物的探索。

——帕斯卡

婚姻总是三种因素的混合物，这三种因素泛泛说来，就是本能、经济和信仰。

——罗素

没有不可认识的东西，我们只能说还有尚未被认识的东西。

——高尔基、

在婚姻上，最具毁灭性的问题在于缺乏沟通，尤其是爱情、性和金钱方面。

——奥茨

找终生伴侣的十二个错误理由

我们不能强求婚姻一定是爱情最纯粹的结晶，然而面对人生如此重大的选择，一念之差也许会让你一生追悔。

献给已婚或将要结婚的未婚者：

为了逃离家庭　这是女孩子普遍会犯下的错误。为了脱离不快乐的家，或者逃避管束，向往自由，女孩子经常会借结婚来达到目的。其实，这根本是一种虚幻式的假独立。盲目结婚不过是由一个火坑跳进另外一个火坑。飞出自己的家，认为结婚是更换一种生活方式，展开崭新的生活，不过是幼稚的梦想。

奉儿女之命　降格以求，为结婚而结婚。你会感到讶异，尽管避孕这么方便，这样的老故事发生的频率依然很高。尽管新时代的版本稍有不同，女性在胁迫男方结婚之时，虽然表示对方不过是种马，她勇于做未婚妈妈，不过仍是新瓶装旧酒。只怕想要套牢别人的心，自己也被套牢了。

为了违抗父母之命　谁也不能否认爱情的魔力，但不管是父母认为子女太年轻也好，还是认为子女选择的爱人不适当，都可能引起强烈的逆反心理。尤其是具有叛逆性格的当事人，往往更会为了反抗而反抗。不过，要提醒你的是，这却可能是反抗父母主张最危险最糟糕的一次。

嫁个金龟婿，找个有钱人　女人找座金山来靠，谁能说不好呢？一切向钱看，尽管求财得财，只怕其他方面未必如意呢。

只为了他是帅哥 俊男美女人人都爱，美貌的威力所向披靡。只是除了美貌，其他必备条件都付诸阙如，可就成了大悲剧，而且，别忘了外貌的折旧率很高哦。

为了性 信不信由你，男性更容易成为性的受害者。男人常常娶的并非心目中的最爱，而是用上床来牵制他们的女人。

因为我寂寞 现代人天不怕地不怕，就怕寂寞。男人女人就这样因为寂寞而纠缠下去了。宁愿争吵打杀，也觉胜过孤单一人。

寻求安全感 安全感这东西，除了自己给自己，别人是给不了的。想想看，原来情愿给你倚靠的肩膀，又不情愿了，你能怎么办？

摆脱单身 许多女人还是不相信晚婚和不婚都可以是一种成熟的选择。生理时钟的催促、社会压力、惧做高龄产妇等因素，都会让人为了打破单身情况而结婚。最荒谬的是，有一位女性告诉我，即使结婚一个星期就离婚，也非得结一次婚不可。

想当新娘 太夸张了吧？不过，的确有不少这样的荒唐女人，把结婚当做节目。化妆啦、拍照啦、宴客啦，不仅好玩，而且圆了新娘梦。诸不知很多都只当了一日公主。

恋爱必须结婚 其实，恋爱不一定要结婚。现代人的一生都有许多次的恋爱机会，像珠串一样，每一颗都自有其圆满和风华。

因为年龄 真正的爱是不会因为你的年龄来决定你

的幸福的。如果因为年龄，没有好好选择一位可以让你在生活、个性、心灵上各方面契合的另一半，不就又掉落在真正的爱情坟墓里了吗？你就要每天过这无趣的生活。这是女孩子最常犯下的错误。

找到终生伴侣的五个黄金守则

一位关系学教师提出五个黄金守则以评估长期婚姻成功的远景。

当你要选择一个终身伴侣时，绝对没有人要作错误的选择，然而当离婚率高达50%时，你知道有很多人在选择他(她)的伴侣时犯了严重的错误。当你问很多订婚的情侣们为什么要结婚，他(她)们一定会回答说："我们相爱啊！"我相信这是人们在约会阶段所犯的第一个错误。选择终身伴侣绝对不可只以爱为基础，这也许听起来不太正确但其中有深奥的道理存在。

当其他成份都对时，爱就会来临。爱，不是结婚的唯一基础，但它是一个好婚姻的结果，让我再说一遍：你不可以只用爱来营造一个终身的关系，你需要更多。如果你有心要寻找并拥有一个终身的伴侣，这里有五个问题要问你自己。

问题一：我们有共同的生活目标吗？

为何这个这么重要？

让我这样讲：如果你已结婚20或30年，那是一段和一个人生活了很长的时间。你们计划如何过这段时间呢?一起吃饭,跑步?你必须和他(她)分享更深更有意义的事情,你们必须有共同的生活目标。在一个婚姻里有两种情形会发生:你们可以一起成长,或者各自成长。50%的人是各自成长的,要使得婚姻成功你必须知道在生活底线上,你要的是什么,然后嫁(或娶)一个和你一样的人。

问题二:和这个人分享我的感觉与思想时,觉得安全吗?

这个问题和你们关系的品质有关,"觉得安全"意思是说你能开诚布公的和这个人沟通吗?良好的沟通基础是信任,相信我不会因为表答我的感觉与思想而遭到处罚或伤害。我的一个同事对一个"会凌虐人的人"下了一个定义,那就是某个你害怕对他(她)表达感觉与思想的人。对自己诚实点!确定你要结婚的对象是你在情感上觉得很安全的。

问题三:他(她)是个值得敬佩,很特别的人吗?

这个问题的意思是:他(她)是个高贵而敏感的人吗?你怎么测试他(她)呢?

这里有些建议:

他(她)们是否以一般的基础作为个人成长的方法?

他(她)们是否认真的改善自己?

我的一个老师对"好人"下了一个定义,那就是某个常力争上游并做正确的事的人。所以问问你的另一半:他(她)如何利用他(她)的时间?

他(她)是个唯物主义者吗?通常一个唯物主义者不会将改善品格列为第一优先的。

基本上这个世界有两种人：

一种是致力于个人成长的人，另一种则是寻求舒适生活的人。

那种将舒适的生活列为目标的人，会把个人的享受摆在第一位。在与他（她）走上红地毯以前，你必须要知道这点。

问题四：他（她）如何对待其他人？

促进人际关系最重要的是给予的能力。所谓的给予，是使他人快乐的能力。看看这个人是否很欢喜给予？想想看他（她）对那些他（她）不需要对他们好的人是怎样的情形？例如：侍者，公车司机，清洁夫等。他（她）如何对待父母和兄弟姐妹？他（她）懂得感激吗？如果他（她）对那个给他（她）所有东西的人都不懂得感激，不要期望他（她）会感激你。他（她）会八卦并且说别人的坏话吗？会八卦的人不会是懂得爱人的，你可以很确定如果他（她）对别人不好，对你也不会好的。

问题五：婚后我是否希望改变这个人？

有太多人犯了这个错误，就是希望在婚后“改善”他（她）的配偶。我的一个同事作如是的解释：你可能希望某人在婚后改变……变得更差，如果你无法完全接受他（她）现在的样子，你就还没有准备好要结婚。总结来说，约会阶段不应该是困难危险的，症结是你要多用点头脑少用点心。当你约会时尽可能的客观，要问一些对整个事情有帮助的问题。

女性的性特点

女性的敏感神经很丰富，她们在性器官的分布上，性敏感区的分布上，都比男人广泛。女性的热情奔放，陶醉难拔，喜怒哀乐，都是以心理感受决定的。“跟着感觉走”是女性的最大特点。

女人的性起点往往是先对某异性有个好印象，再经过与这个异性轻微的接触，如握手、擦肩而过、且有“触电”样感觉，这时女人就会认为自己对他有爱。如有一首歌词内容是“擦肩而过，也能感觉，爱不是一阵风……”。如果这男人再进一步努力完善各方面条件，比如有住房和生活费用，有各亲戚朋友的支持和疼爱，就能得到女方的爱情。

女人的爱情一旦确定，就很少改变，喜欢双方都是自己的唯一，白头到老。除非受到武力威胁，特别是家庭暴力，或生活所迫，已到吃不饱穿不暖的地步，或第三者插足，才会被迫弃情。一般不会因为“家庭琐事”、“性格不合”或“感情不和”等原因而分手。

女性的敏感区主要包括：阴蒂及其周围，小阴唇的内表面和阴道的边缘。乳房、乳头及其周围，肛门附近，大腿内侧等。女性到了 30 岁以后，性的需求才更加强烈与完善。

女性的灵点按摩。灵点是指能激发起性欲、性兴奋的最有效的体表穴位，女人的性发育带主要分布于耳朵、颈部、大腿内侧、腋下、乳房、会阴等部位，对该部位的按摩，应由丈夫在晚间临睡前进行，动作宜徐缓轻柔，以柔济刚或轻轻挠痒的手法，使妻子有一种舒坦、战栗的感觉，逐渐妻子会紧紧抱住丈夫，希望有"添空"的感觉，即性欲兴起。

男人的性特点

男人的性敏感区比较集中在会阴部。但男人的眼睛是性敏感区的窗口，当男人一看到亮丽的女人，就会引起性的冲动。成熟男人的激动可以说是"招之即来，挥之即去"。平时男性似乎总是处于"常备不懈"状态。在两性接触中，女性性欲还无动于衷或刚处于萌发状态时，男性已急不可耐。男性的性欲表现只需要 2～6 分钟，而女性至少需要 10～20 分钟或 2 小时以内。男性主要依赖性器官的接触，既阴茎插入阴道。女性需要抚摸、亲吻、拥抱、悄悄话、表情等刺激。

男人往往先对某异性有了性的欲望，才主动去追逐培养感情。而女人是先有感情才有性爱。这与男人的步骤正好相反，所以男女双方在交往中都要重视这个特点，相互照顾情绪。

男性的性敏感区包括：阴茎部冠状沟、龟头、阴茎系带、阴茎表面皮肤特别是沿尿道下行的皮肤，肛门与阴囊之间的皮肤、阴囊与大腿内侧上的皮肤、乳头等。

阴茎前一部分有 4～10 厘米长，在勃起状态有 12～

18 厘米长，它的根部看不见，藏于阴囊中，可用手触摸到。阴茎是由海绵体组成的，海绵状血管充血时形成勃起，这给女性带来微妙的手感。

正常美满性生活五个特征标准

• 夫妻双方都有性的冲动和欲望，不是一方有性要求，另一方却不然。

• 双方同房后，都感到轻松愉快，而不是一方对另一方应付了事。

• 夫妻在同房时，都把高度的注意力在性行为上，不想与性无关的事。

• 同房时，激动、兴奋、欢快的情绪相互感染，相互触发，而不是装出来的高兴，或勉强为难的表示。

• 夫妻双方在高度舒适、喜悦、满足中完成性行为，男女双方是平等互助的。女性要从被动、等待的传统观念中解脱出来才行。

女性的性期待

现今社会，男性工作常出差在外，忙于事业，女性常在家中久久期待，若丈夫出差超过了妻子的期待才回来，妻子会很不高兴地说“我寻思你死在外边了”。这就是妻子的性期待心理发作的表现。

一般妻子的性期待是有一定规律的，丈夫应注意观察对方的性周期变化，培养固定的性周期。发现对方有性需求时，只要可能就应满足。

工作出差频繁的人，尽量做到按期而归，在妻子的性需求期内，尽可能不出差，当发现妻子是因为性期待心理而发作时，不要以牙还牙，针锋相对，要用疼爱的方式消除妻子的怒火。

女性性宣泄的方法

在性学上有一个调查结果显示，约有 25％的女性在性生活中为了满足自己的性欲望，常会运用咬、抓、掐、捏、拍、打等辅助宣泄的方式。

因为男性是性生活的主动者，女性虽然可以用主动配合来参与，但对特定时刻所出现的行为就只能接受与等待。

如果女方不情愿或有性交痛疼等负性感觉时，这种抓打行为更加明显。男方就要注意调整自己的方式，要让女方意识上愿意做爱，再调整姿势，减少性交痛疼的程度。必要时加用润滑液等，使性爱达到双方满意的效果，即可消除女性的抓打行为。

也有在性高潮的前一短暂时间，由于刺激过大，女方

突然出现抓打咬行为，属于正常现象。

性生活“空白期”解决方法

未婚男女在成熟之后结婚之前有较长时间的空白期，夫妻之间因种种原因不能在一起过性生活，也有空白期。如果没有正确的调节方法，一旦碰上诱发因素，就可能出现意外，所以介绍几种方法，可任选一种自我试用。

精力转移法 在业余时间里，从事一项自己喜欢的事业，如文娱、体育、读书、看报、钓鱼、做小生意等，以此填补空余时间，丰富生活内容和思想内容，充实自己，陶冶情操，使自己从低级趣味和无聊空闲中解脱出来。

自慰宽容法 自慰行为（手淫），有利于调节身心，对待手淫不要有过多精神压力，也不要过分热衷，因为它只能给一个人带来安慰，而且范围小，舒适面窄。这只是空白期中没有办法时的“过度方法”，一旦有正常的性行为即可放弃手淫。

定期探亲法 一般一个月 1～2 次，这不仅能解决一些家务事，对夫妻的性和谐也起到良好作用，也可双向探亲法。

边缘性行为法 是通过外在表现，反映互相爱慕之情，如写情书、友好的微笑、赠物、谈心等，这适用于青年男女，它可以振奋精神，激发创造力，推动学习和工作。

男人的"性"思维

•男人并非只是想做"那件事"。对于20多岁的小伙子来说，总想着做"那件事"也许是正常的，但对于中年男子来说有时只是需要一个拥抱、一个轻吻或亲昵的耳语。例如，有丈夫说："我给妻子一个拥抱或热吻的时候，她总是认为我是要做那件事，所以赶紧不冷不热地闪开，其实呢，我只是想表达一下爱意而已。接下来的几天，我只好对她敬而远之，但她又反过来抱怨我不够体贴。"这就是男人往往对自己的性秘密羞于启齿，造成妻子误解了丈夫的意图。如果丈夫不把这些秘密说出来，即便是最恩爱的夫妻也会产生隔阂。

•男人的性欲并不比女人更强烈。许多女人认为，男人在性欲方面都是很强的，这种想法源于她们年轻时的经历，因为那时与她们同龄的小伙子正处于性欲勃发期。而对于中年男子来说，由于工作的压力和家庭的负担性欲会有所减弱。有调查发现：对于40岁以上的男人和女人来说，往往女方性欲强于男方。

•男人做爱也需要前奏。许多男人认为缺乏爱的性生活是单调乏味的，有亲爱的妻子依偎在身边，男人有一种安宁和温馨的感觉，与真正了解自己的妻子共度床笫时光，这与单纯的性交是截然不同的两码事。事实上男人同女人一样，做爱前需要前奏。有男人直言不讳地说：我并不愿意总是占据主动，这倒并不是因为我性冷淡，也不是因为她缺乏魅力，而是一旦女人主动发出“性号弹”，男人会兴奋不已，它会使男人情绪高涨，激发男人的勃勃雄心，从而增加对妻子的爱。男人更乐意女方在性生活中扮演主角，这样可以唤起男人潜在欲望，使男人从承担性生活“主角”的责任中解脱出来。

事实上，许多女人也有主动接近丈夫的本能愿望，之所以犹豫不决，不敢行动是因为她们摸不准丈夫的意图，一是怕增加丈夫的压力，二是担心丈夫拒绝。其实，男人在采取主动时，何尝不是如此呢！

如果夫妻间能高兴地告诉对方自己在做爱时的最开心之处，那么你们是一对亲密无间的夫妻。如果多说一些表达理解和爱意的语言，夫妻间的性事会更进一步美满和谐。

环境对性的影响

有的人对光的刺激敏感，有的人则不敏感，如有的人夜间性交有高潮，白天则无。有的人无灯性交有高潮，开灯则无。有的人在自己熟悉的房间性交有高潮，更换房间则没有。有的人采取此种姿势有高潮，更换姿势则没有。有的人发现对方有不情愿、害怕、厌恶、漠不关心等情绪则唤不起性欲。有的人发现对方举止不温柔、不讲卫生、房间杂乱无章等皆影响性快感。环境不安全、野外苟合怕人发现，可引起阴道痉挛、阳痿和早泄。窥淫癖常是以往无意中看见全裸体或性行为产生了不良的影响，日后演变成性变态。

创造良好的环境，卧室干净整洁，灯光以粉红色为宜，不仅能激发情欲和性联想，易使性交成功，也利于养生。

性的斋戒期

为什么男人有喜新厌旧？为什么物品以稀为贵？为什么男人说摸着老婆的手，好像左手摸右手？为什么吃饭吃菜总喜欢换点花样？这都是人的本能表现。

人总是喜欢追求新鲜感，对于很难得到的东西就很重视，单吃一种再好的山珍海味也会吃腻。在外的游子很喜欢吃家乡菜，他们说自己是个"中国胃"。合久必分、分久必合也是这个道理。因此性爱也有"斋戒期"，即暂时分离期。在有条件的家中应有两个卧室两张床，高兴时就在一起睡，平时分开睡。斋戒期限因人而异，一般约为1～2周。

经过斋戒期后，夫妻俩又像新人一样兴奋无比，有新鲜刺激感。这样既没有道德上的花心之说，又没有性病方面的不安全，更不会有浪费钱财，提心吊胆，被人敲诈等一系列问题，还有新人之感，享受个人空间的自由之乐。人说小别胜新婚就是这个道理。

性爱红灯期

环境不良时　如环境嘈杂、不安全、暴雨雷击时、奇寒异热时，忌过性生活。否则易患阳痿、早泄、阴冷等病症。

性器官不洁时　尤其是男性的包皮垢是女性宫颈炎的原因之一。

患病期　患重病和流感、肝炎、肺结核、滴虫病等传染病期，不宜过性生活，防止加重病情和感染对方。

行经期　可引起双方炎症和女性大出血。

产后两个月内　可引起妇科病。

劳累时　劳累时性交，不仅得不到快感，反而加重劳累。

空腹时　可引起头昏、眼花、耳鸣甚至还会出现休克。

饱餐后　此时血液都集中在消化道，若又因性交使血液重新分布，这样不利于食物消化，同时也难得到性快感。

酗酒后　酒后能刺激性欲，也能降低性功能。性生活开始前大量饮酒造成阴茎勃起困难，长期大量饮酒造成性功能减低、不孕等症。

起床前　俗话说“黎明行房，身软一床”。因为未得到休息，工作精力不足，容易发生意外事故。

20 岁前不宜过性生活　据科学抽查验证，女性 50% 的子宫颈瘤患者源于早婚。

妊娠期　妊娠头三个月以及后三个月不宜性交，易引起流产和早产。

婚前性行为会造成心理压力，有损健康。

年龄与性之间的关系

一切生物都有生长、发育、衰老、消失的过程。人的年龄与性的关系也一样，由幼年起性欲逐渐增加，十多岁发育初成，80～90 岁衰老，最成熟时期为 25～45 岁，男性的范围要比女性宽 5～10 年。老百姓传说"30 如狼、40 如虎、50 抱鸡母"。即生动地描述了性巅峰时期为 30～40 岁。

正常男子一般排精量为 1.5ml～6ml，加上女性排出的分泌物，总共约有 5ml～10ml。一般体力劳动者要求性交次数较多，脑力劳动者要求次数较少，年轻时精液较稠，精子量多，45 岁以上精液较清稀，精子量少。

年龄与性生活的频率应遵循：35 岁以前的年轻人每星期可 3～6 次，35～40 岁的人每周可 2～4 次，41～50 岁的人每周可 1～2 次，60 岁以上的人每月 1～3 次。要注意的是，不要单纯追求性交的次数，要力求每次性交都能达到完美，一次完美的性交比数次不完美的性交更令人满足。

男人在年轻时更看重性，女人年轻时更看重爱，而老年男人更看重爱，老年女人则更看重性了。于是当老年男

人想聊天的时候，老年女人却想做爱了。

青年男子对自己的性能力有无穷尽的自信心，朝气蓬勃，勇往直前。年轻女子面对如狼似虎的男人自觉自己欲求不高，能力不强。随着年龄的增长，人生体验的富足，部分女人开始走出旧观念的禁锢，这些解放了的女人会觉得自己的性能力原来也很强。到了50岁左右，男女性角色发生“互换”，男人开始从温存中寻找性快乐，而女人则开始需要直截了当的插入。很多老年人某些习惯性的失眠、焦虑，其原因之一就是性欲长期被遗忘的结果。

性生活是否过度的衡量

不同的人对性生活次数的要求，差异非常大。就中年人而言，有人可每天1～2次，有人是每周1次。相差10倍左右，是否过度其区别在于：

• 兴奋是自然产生的还是强制刺激产生的。

• 在性生活中，如果一方显得筋疲力尽，性欲不大旺盛，另一方就要与他相一致，不要过于强求。

• 要强调性生活的质量，而不强求数量，争取每次性生活都充分达到性高潮。

• 性交后经过一夜休息第二天无疲劳感，若还有疲劳感属过度行为。

房事过度的症状有：面容憔悴，形体消瘦，精神倦怠，精力不集中、萎靡不振、头重脚轻，周身无力，心跳气短，虚汗淋漓、失眠多梦、不思饮食、腰酸腿软、眼花乏力。当出现这些症状时，即属“超负荷”行为，必须调整性交的次数。

女性的两种性高潮

弗洛伊德将女性性高潮分为阴蒂高潮和阴道高潮两种。最新的国外统计显示，有 50％的女性能通过阴蒂刺激获得真正的快感，而且女性能明确描述出阴道和阴蒂两种高潮的区别。比如他们将阴蒂高潮描述为“温暖的、易痒的通电样和尖锐的”，阴道内有阴茎填充和空荡荡时的感觉是完全不同的。

获得阴蒂刺激的方式比较简单，其剧烈程度随性活动形式的不同而有所不同，最强烈的是对阴蒂直接刺激，如对阴蒂施加轻微压力和旋转压力。阴蒂高潮持续时间是短暂的约几秒钟，但那温暖的爱意却持续很久。

阴道高潮持续时间较长，虽然最高峰如阴道群肌有节律地收缩、血压升高、出汗、感觉畅快、有阴道分泌液等。持续时间长约几十秒钟，然而却有 50％以上的女人从未体验过。但整个阴道交合期都能给女性带来深层的抚慰和舒适，这也算是一种温和的高潮，这对女性来说极为重要。

性幻想的作用

心灵是人体最销魂的性器官，脑海中的性幻想才是制造性高潮最有效的良方，在夫妻享受鱼水之欢时，单靠感官刺激是不够的，一定得加上心灵配合才能尽情享受。如果做爱时，脑海里没有浪漫绮想，而是生活琐事，性的高潮就不会降临。所以说，情绪是主宰性欢愉的关键。你可以想象：配偶气息浸透你的全身，淌过每一寸肌肤，随着血液流动的方向和速度轻拂机体，感受肌肤相亲的触动，很快就能进入如鱼得水的性高潮了。

性交的步骤与方法

第一步精神准备　即用幽默的语言或暗示的方法告知配偶将要进行性的过程，看看配偶的反应，是愿意还是有什么不方便？争取配偶同意后，开始前期准备工作，如刷牙、洗澡、若不洗澡必须洗脸、洗手、洗脚、洗阴部等。房间布置安全，无人打搅并灯光暗淡，室内温暖干净。准备干毛巾两条用于擦汗和精液，准备枕头一个约 5～8cm 厚，用垫臀部。

第二步爱抚期　夫妻双方互相用手触摸对方身体的

全部，当摸到最舒服、最敏感的部位时，对方就有所表示。这样双方对抚摸的部位和方法就心里有数，如此认真细致的体会，逐步为性生活的甜蜜打下良好的基础。也可妻子用手握着丈夫的手引导丈夫在自己最需要、最敏感的部位进行触摸，速度和强度都由自己的手传递给丈夫，丈夫耐心地体验妻子传来的信息，铭记于心中。然后丈夫再牵引妻子的手，用适当的速度、方法、强度等触摸自己最需要的部位。双方都要一切服从对方引导，给予对方最恰当、最有效的抚爱，使自己的抚爱与对方的需要完全吻合一致，无疑会达到最佳效果。此后双方生殖器官会分泌出少量性腺液，女子出现“五征”即面红热、乳挺、鼻汗、股湿、咽干，男子出现“四至”即阴茎怒、大、竖、热。就可进入第三步。

第三步高潮期　妻子握住男方的阴茎根据自己阴道的感觉慢慢放入，丈夫也可根据自己的感觉，以不同角度将阴茎插入阴道，逐步加快抽动速度、加大幅度、保持不断地刺激。也可九浅一深，或八浅一深、六浅一深，不必认真去数。待出现九种快感的征候：如第一回合后有清爽的感觉，第二回合有类似烤焦骨头的气味出现，第三回合有闻到焦燥的气味，第四回合阴道产生如油膏状的分泌物，第五回合有稻谷样的清香味，第六回合阴道有滑的感觉，第七回合阴道有凝脂样分泌物，第八回合阴道有如漆似胶的分泌物，第九回合阴道有肥肉壅滞的感觉，即阴道膨胀收缩期为最佳射精时期。双方要注意对方的反应，配合默契，丝丝入扣。有时妻子是设计师，丈夫是工程师；有时丈夫自编自演，花样翻新给妻子一个个惊喜。总之双方都是用心来培育这性爱之花，共同享受性高潮之乐。

第四步恢复期 射精之后，丈夫会有懒洋洋，浑身像散了架一样的感觉，常爱倒头便睡。而女方的兴奋平静较慢，约需5分钟至半小时，所以丈夫必须继续爱抚妻子，方法是轻声的交谈，回味和憧憬性快感，轻轻地接吻、爱抚及拥抱或搂着妻子躺一会，只要妻子平静下来想睡觉了再双双入睡。

爱抚技巧

爱抚阶段是变化无穷、花样翻新、多姿多彩的一幕。在强烈、持久、转换部位的爱抚中，以双方互悦为前提，夫妻二人相互用舌头探索着，以嘴相授受，舌头可程度不等地伸缩，可以卷动，互相交替地将对方舌、唇、口腔、牙齿互相亲咬、摩擦，无论主动方还是被动方都有一种鲜明的快感。

善于做爱的丈夫常说“我要吻遍你全身”，妻子往往也会默默以十分轻柔的方式，给对方遍及全身的热吻。双方可从额头吻到面颊、脖颈。从指尖、手掌到臂膀。从脚面、脚踝吻到小腿、大腿，逐渐接近生殖器。交替使用轻的重的或“挠痒式”的亲吻，加上吸吮和牙齿挤压所带来的种种效果，可令人激动与欣慰。双方的主动触觉和被动触觉是互相交融的，都要当亲吻者和被亲吻者，效果会更加强烈。“牙咬”是比较强烈的性爱抚刺激行为，带有恶作剧色彩，女人特别容易启动，说"恨不得咬上一口才解馋"，男性可轻咬女方脖颈、腹部、腿部，会给女方带来狂喜。牙咬不能真正咬掉一块肉或咬出牙印，咬的一方虽十分狂热毕竟还要有所克制，这与真正的咬是有区别的。

乳房和乳头是极为敏感的性器官。用舌头、手指或吸吮来进行碰触，可使乳头像阴蒂和阴茎一样勃起，继续抚弄可产生弹性感、力度感和新奇感。

"悄悄话"是最有效的手段之一，无论是上床前，还是同寝后，悄悄话的神奇功能应充分重视。夫妻间性经历的回顾、做爱间的新发现，彼此设计的新兴趣，都是悄悄话的内容。

爱抚作为一种艺术，可产生极大的快感，其程度绝不亚于交合本身的快感。

每次性交，都是一次追求，一次呼唤，一次感应，一次恋情。对于一个热情、成熟的男人来说，他会变换方式让女方感到优雅、舒心、自然。而对一个感情细腻，口味高雅的女人来说，也许会采用巧妙，而又情意绵绵的推就手段，这种手段会产生强烈的性魅力，愈发迷人。在爱抚中，有的再婚男子惊讶地发现自己的乳头竟然是以前被忽略的极敏感的"电门"。而有的女性在与丈夫耳鬓厮磨中，久而久之发现耳根部位可以给全身带来一股暖流。女方也可用手握着阴茎，反复刺激自己的外阴部，使大阴唇充血、膨胀、凸起、张开，露出阴蒂和小阴唇。接着女方操纵着阴茎、龟头，擦动最为敏感的位置，使阴蒂勃起，这时妻子是极端愉快的。男方也可用手轻柔抚摸女方外阴部、阴道，达到这一效果，直到性腺液分泌出来，上面再辅以亲吻、情

话和感情的逐渐升级，直至阴茎插入阴道，进入交合期。

中国古代书中有“性感穴”的标位，在腿中、脚踝、脚底、腹部、两乳之间、脖颈后部、肋条、下巴、耳根、头发根部等等，而恰恰是令许多男人在视觉上并进而在心理上感觉丑陋的阴唇，凝结着女人对性快乐的全部希冀。性感区广泛分布，它总是因人而异，差别甚大，主要取决于双方具体的交流与爱抚方法。

阴道的G点与阴蒂高潮

G点是阴道中最易感受压力、易产生性高潮的位置。G点位于阴道前壁约全长的前1/3深处，如果用手指伸进阴道口4厘米，用力顶耻骨后沿，则正好可以刺激G点。G点受刺激时会迅速膨胀，像枣一样鼓起。很多女人声称自己获得了G点高潮。

阴蒂位于尿道口上方与大阴唇正中交叉处之间，约黄豆粒大小的凸起。在抚爱期对阴蒂的刺激是女性获得性高潮的关键。男人们热衷阴道性交，如果不刺激阴蒂，女人根本无法获得阴道G点高潮，可以说阴蒂改变了一切。最自然的性爱是想干什么便干什么，想爱抚的时候爱抚，想插入的时候插入。异性手淫的技术，即爱抚技巧比性交本身的技巧更重要。女人不应该成为性的被动者，不应该成为顺从男人的附庸，而应该提出自己的要求。女人最了解自己的身体和欲求，如果不明确要求，男人往往不知道怎样做更好。女人有权利按照自己喜欢的方式过性生活，聪明的男人应该明白，使自己快乐的最佳途径便是让女人快乐。女人在高潮时的表现是不一样的，有的是身体颤抖和耸动，而另一些人可能仅仅是贴着刺激点身体紧绷、僵直、痉挛不已。男人要想真正为女人快乐，最好直接问一问女人的感受。

性高潮的生理变化与表现形式

在第一步抚爱阶段，女方乳头勃起、乳房发胀、阴蒂勃起增长。男方阴茎勃起、睾丸向腹腔提升、阴囊会绷得很紧，双方肌肉普遍紧张，特别是腿、臂、手、颈部、骨盆等区域的肌肉发生不自主的收缩。心率每分钟可达100～120次以上，血压有所上升。

第二步，阴茎插入阴道后，女性阴部肌肉会发生痉挛、抽搐、充血，无性经验的女性会感到有些害怕，下腹部有一种“空虚”感。会紧紧抱着丈夫急切地渴望得到填充，有恨不得与对方溶化为一体的感觉。

人在高潮时体液分泌状况非常活跃，唾液分泌增多，口交中互相咽下对方唾液引起交流感，也会使人感到亲密愉快。汗液也明显增加，许多人汗流浃背，需常备干毛巾，为对方擦汗，这也是一种微妙的关怀。

由于血液循环加快、呼吸急促、身体起伏、眼睛陶醉、面部红润，细细的皱纹消失了，双方都显得格外年轻美丽。

所以说性生活是最好的美容师，也是最好的体育锻炼，周身热血沸腾能使人产生幸福的感觉。人们在日常生活中所经历的惊喜、欢乐、激动、高亢和兴奋，都可以在性高潮中享受到，就连呼吸的速度、呼出的热气都会撩动对方的心扉。

这种“热血沸腾”与平时紧张、运动时的血液加速运动截然不同。不但没有想休息的感觉，反而产生要与对方合二为一的永久思念。所以说“一日夫妻百日恩”。若夫妻当中有一方去世，常会引起另一方长时间的难过，甚至由于抑郁思念跟随而去，即是所谓的“殉情”。这就是性高潮的魅力。

高潮中的紧张感和放松感是交替进行的，肌肉的收缩与放松也是交替进行的，正是这种肉感是在动态之中，要比静态时生动丰富、微妙得多。可引起“眼跳”，不知平时的“左眼跳财、右眼跳灾”在这里应验的是福还是祸？由于眼跳常让对方亲吻眼睛，有“一股暖流通遍全身”的感觉。性高潮持续约十分钟左右，男性射精后逐步转为平静，最好男方协助妻子擦干净精液再双双入睡。

看性爱照片对男人不管用

面对一张性爱照片，人们的注意力首先会集中在哪里？有人会说，这个要分男女：男性肯定先看性爱动作，女性也许会害羞地蒙上眼睛。但美国埃默里大学的一项研究，却让很多人大跌眼镜。研究显示，看到性爱照片时，男性首先会把目光集中在照片中女主角的脸上；而女性会集中在性行为本身。

这项研究由埃默里大学心理学教授金·艾伦以及希瑟·拉普共同完成。他们选择了30名年龄在23岁～28岁之间的女性和15名同龄男性，作为被测试对象。研究人员向他们提供了一张夫妻性爱的照片。从其眼睛接触照片的那一刻开始，一台高科技的眼部跟踪装置就开始对被测试者的观察情况进行全面跟踪，详细记录眼睛首先停留的位置及持续时间。

研究人员认为，男性首先看脸，可能与其杏仁核的活动加剧有关。杏仁核是大脑中重要的部分，负责控制情感信息和应对刺激，它越活跃，越易使人产生退却、害怕等心理；而女性首先关注性爱动作，主要取决于她们的雌激素水平，总体上说，雌激素水平高的女性，更易对照片中的性爱动作有所反应。

研究人员表示，这从一个侧面说明，希望用性爱照片引起男性情欲的方法可能无效。而这个方法，或许对女性更管用。

主要性交姿势十一种

男俯女仰式 女方平卧，臀下垫一个枕头，女方双腿根据高低不同，有4个放处：①分开放在床上。②架在男方腿上，环绕男方臀部。③架在男方双臂上。④架在男方

双肩上。女人双腿不同的摆处可逐步抬高臀部，也可调节阴道松紧度。

男方在上俯卧，可亲嘴、吻乳房、两胸摩擦。双手可按在床上，也可抱紧女方。男人双腿在女方两腿内侧，呈“蛙形腿”样式，便于运动。此法是最普通、最常用的方法。

对面全贴式　双方面对面站立，女方上身向后靠墙或靠在栏杆台上，两腿分开。男站女方两腿中间，双腿略曲站立，男抱女方臀部。此法常用于无床的地方。

屈腿搭肩式　女方上身仰卧于床边沿上，与床边成垂直角度。臀部在床边沿处，双腿抬高搭在男方肩上或屈膝顶靠在男方腋前。男方站立床边。此法适用于夏天，温暖时期不用盖被子。

男仰女骑式　男仰双腿弯曲，可上下运动臀部，女面向男头部，骑式，略靠男腿，协助运动。

对面坐抱式　男坐在下方，女坐在男方两腿中间，女双腿搭在男腿上方对面坐抱。

对面侧卧式　男一条腿在下边，与女方双腿交叉，女一条腿在上边，男女上身成 90 度角垂直。双方插入后侧躺在床上，此法很舒适，可休息、可运动。

背身后交式　女在前面，男在后面，面朝一个方向。女屈身 90 度，手扶墙或栏杆，腿叉开，男站立在后方插入。此式阴道很紧并摩擦感大，男方很舒适，但动作要快，否则女方受不了。

背后侧身式　女侧躺屈身 90 度，男侧身直躺与女方腿部平行，插入后男抱女臀部运动。

女侧卧男立式　女侧躺、屈身 90 度，臀部于床边沿，男站立于地上，抬抱女方一大腿，插入后放女方腿平，也可不放女方腿，轻运动即刺激很大，舒适。

屈身跪交式　女方跪扑起，腿分开，男在后跪在女方两腿中间，插入后可直身运动，也可男弯腰抚摸女方乳房。

背后坐交式　男女面朝一个方向，男坐于底下，女骑式坐上方，男略仰，插入后男双手按床辅助运动。

这些姿势，仅从名称上便可一目了然，心领神会、无师自通、多重发展、稍斜角度又是一种姿势，又是一种韵味。全凭夫妻双方在实践中设计体会。

一般爱抚与交合是交替进行，在一次做爱中可变换几种姿势，也可只用 1～2 种，下次再换其他姿势，善于变换可有新奇感，也可减轻单一姿势的疲劳感。

性用具的使用方法

振动器、按摩棒等情趣用具，现在开始进入我们的家庭生活，一般是用于“空白期”或与正常性生活时合用。丈夫可先操纵振动器，使妻子情绪调入最佳状态，再爱抚地用真枪实弹进行以后的关怀，这样既有先进机械的快感，又有浓情“人气”的温馨，给无生命的机器赋予了“灵性”又给性爱增加了动力与强度，使男欢女爱进入一个新境界。

月经期性欲处理方法

月经期是不能性交的。月经期女性阴部充血，易破裂造成大出血，并因带入细菌引起子宫内膜炎。同时血液可引起阴茎尿道口发炎，对男性也不利。在经期出现性需求时，妻子可用口代替阴道轻轻地含吸阴茎，仍能给丈夫带来无穷的快乐。丈夫可抚爱妻子的乳房，会阴部周围、大腿内侧、腹部等阴道以外所有的性敏感区，给妻子安慰与快乐。可做阴道外的腹部射精或胸部射精、大腿相夹内侧射精，也可用手相握在妻子的手中射精。女性的任何部位都有“肉感”，都有抚爱、按摩的需求。就看双方的喜爱，不同的人或同一人不同时间，爱抚和按摩的方式不同，性敏感区域就不同。总之，月经期的性欲，双方只用爱抚和体外排精来满足，这对女性月经期的恢复也有促进作用。

第五部

我欲故我在：性障碍与性疾病的防治

低等动物受它的器官的指导；人类则指导他的器官并且控制着它们。

——歌德

偷性是不会有好结果的，它纯粹是个祸因。

——普劳图斯

完美的情爱予彼此以生命，每个人愉快地接受情爱，又自然而然地给予情爱，由于这一彼此幸福的存在，每个人感到这世界乐趣无穷。

——罗素

婚姻一开始双方若不能以身心赤诚相爱，一旦瓦解起来也就比什么都快。

——弗洛伊德

只有爱情才能使婚姻神圣，只有使爱情神圣的婚姻才是真正的婚姻。

——列夫·托尔斯泰

苏格拉底与失恋者的对话

苏格拉底想看看 2000 年后的不同。但一来到人间就见到一位年轻人，茶饭不思，精神萎靡，其状甚哀。

苏（苏格拉底）；失（失恋者）

苏：孩子，为什么悲伤？

失：我失恋了。

苏：哦，这很正常。如果失恋了没有悲伤，恋爱大概也就没有什么味道。可是，年轻人，我怎么发现你对失恋的投入甚至比对恋爱的投入还要倾心呢？

失：到手的葡萄给丢了，这份遗憾，这份失落，您非个中人，怎知其中的酸楚呵。

苏：丢了就是丢了，何不继续向前走去，鲜美的葡萄还有很多。

失：等待，等到海枯石烂，直到她回心转意向我走来。

苏：但这一天也许永远不会到来。你最后会眼睁睁的看着她和另一个人走到一起去的。

失：那我就用自杀来表示我的诚心。

苏：但如果这样，你不但失去了你的恋人，同时还失去了你自己，你会蒙受双倍的损失。

失：踩上她一脚如何？我得不到的别人也别想得到。

苏：可这只能使你离她更远，而你本来是想与她更接近的。

失：您说我该怎么办？我可真的很爱她。

苏：真的很爱？

失：是的。

苏：那你当然希望你所爱的人幸福？

失：那是自然。

苏：如果她认为离开你是一种幸福呢？

失：不会的！她曾经跟我说，只有跟我在一起的时候她才感到幸福！

苏：那是曾经，是过去，可她现在并不这么认为。

失：这就是说，她一直在骗我？

苏：不，她一直对你很忠诚。当她爱你的时候，她和你在一起，现在她不爱你，她就离去了，世界上再没有比这更大的忠诚。如果她不再爱你，却还装着对你很有情谊，甚至跟你结婚，生子，那才是真正的欺骗呢。

失：可我为她所投入的感情不是白白浪费了吗？谁来补偿我？

苏：不，你的感情从来没有浪费，根本不存在补偿的问题，因为在你付出感情的同时，她也对你付出了感情，在你给她快乐的时候，她也给了你快乐。

失：可是，她现在不爱我了，我却还苦苦地爱着她，这多不公平啊！

苏：的确不公平，我是说你对所爱的那个人不公平。本来，爱她是你的权利，但爱不爱你则是她的权利，而你却想在自己行使权利的时候剥夺别人行使权利的自由。这是何等的不公平！

失：可是您看得明明白白，现在痛苦的是我而不是她，是我在为她痛苦。

苏:为她而痛苦？她的日子可能过的很好，不如说是你为自己而痛苦吧。明明是为自己，却还打着别人的旗号。年轻人，德行可不能丢哟。

失:依您的说法，这一切倒成了我的错？

苏:是的，从一开始你就犯了错。如果你能给她带来幸福，她是不会从你的生活中离开的，要知道，没有人会逃避幸福。

失:什么是幸福？难道我把我的整个身心都给了她还不够吗？您知道她为什么离开我吗？仅仅因为我没有钱！

苏:你也有健全的双手，为什么不去挣钱呢？

失:可她连机会都不给我，您说可恶不可恶？

苏:当然可恶。好在你现在已经摆脱了这个可恶的人，你应该感到高兴，孩子。

失:高兴？怎么可能呢，不管怎么说，我是被人给抛弃了，这总是叫人感到自卑的。

苏:不，年轻人的身上只能有自豪，不可自卑。要记住，被抛弃的并不是就是不好的。

失:此话怎讲？

苏:有一次，我在商店看中一套高贵的西服，可谓爱不释手，营业员问我要不要。你猜我怎么说，我说质地太差，不要！其实，我口袋里没有钱。年轻人，也许你就是这件被遗弃的西服。

失:您真会安慰人，可惜您还是不能把我从失恋的痛苦中引出。

苏:是的,我很遗憾自己没有这个能力。但,可以向你推荐一位有能力的朋友。

失:谁?

苏:时间,时间是人最伟大的导师,我见过无数被失恋折磨的死去活来的人,是时间帮助他们抚平了心灵的创伤,并重新为他们选择了梦中情人,最后他们都享受到了本该属于自己的那份人间之乐。

失:但愿我也有这一天,可我的第一步该从哪里做起呢?

苏:去感谢那个抛弃你的人,为她祝福。

失:为什么?

苏:因为她给了你一份忠诚,给了你寻找幸福的新的机会。

阴道松紧度及阴茎大小

有人说未生过孩子的女人阴道紧,有人说越年轻阴道越紧,有人说越瘦的人阴道越紧,有人说越矮小的人阴道越小容易满足,有人说嘴越小阴道就小。其实上面讲的或多或少都有点道理,但最重要的是女人是否被撩拨起性高潮,就像男人一样是否有"雄起"。无论男人、女人他们的性器官大小长短都基本相同,只是在不同的心情下、不同的挑逗下,不同的高潮下有不同的"勃起"。阴道也会有激动后"充血挛缩",惊吓后"痉挛封闭",不激动时松软不应答。人的心情、性交技巧、性交姿势、性交环境、性交频率等诸多因素决定阴道的松紧度。

女人的阴道都很敏感，就算是很松软，刺激若很大，一般女人都能得到满足。如果阴道太紧，女人就会有性交痛，以后会畏惧性交，失去快乐。对于男人来说阴道太紧，很快射精，失去了玩的机会。阴道适中，玩的时间较长，双方尽兴乐趣无穷。阴道过松可调换姿势和阴茎进入的角度，这样男女双方也都能够得到满足。

男人阴茎的研究，有统计资料显示健康男性的阴茎常态时的最长长度为 14.5 厘米，最短长度为 4 厘米，平均长度为 8.37 厘米；阴茎常态时的最大周长为 12 厘米，最小周长为 4.5 厘米，平均周长为 8.3 厘米。阴茎勃起时最长长度为 16 厘米，最短长度为 9 厘米，平均勃起长度为 12 厘米。勃起时周长最大为 14 厘米。

无论男性阴茎大小，只要超过 4 厘米，有一定的硬度，就能满足阴道的需求。因为阴道最敏感的神经都在阴道口前 1/3 处。

男人阴茎的大小主要取决于对异性的渴望度。同一个男人在不同的时期有不同大小，在不同的女人面前也有不同的大小。同一个女人对丈夫的爱抚方法不同，也能决定阴茎的大小不同。总之，男人的勃起程度是最重要的因素。至于“天生的”因素也有一点，而“后天的”培育最为重要。

阴道过松的治疗

阴道过松的原因　长期的性生活未达到过性高潮或只达到舒适的感觉；以往曾有过被强迫性交史，或有性交痛史；没有较正规的爱抚期或没有挑起女方的性欲时，阴道都比较松；阴道产后半年内，身体还未完全恢复。

治疗　要加强爱抚期技巧；阴茎插入阴道时要上下斜进或左右斜进增强摩擦感觉；女方可用双手将大阴唇向外上方掰开，阴道口会立刻变小。男性有被“握住”的感觉，这与性高潮时阴道挛缩的情境一样，男女双方都感觉到刺激很大，这也是最简单快捷的治疗方法。交合时男方要告诉女方，什么时间阴道收缩了。让女方逐渐体会到阴道收缩的感觉；女方平时要像收缩肛门一样，练习阴道收缩，一般经过 2～3 个月调整能治愈。

解决性心理疲劳方法

性心理疲劳　主要是来自生活其他方面的受挫感，心理受挫之后打击和削弱了自信心，若再出现紧张、多疑等情绪，即可造成性心理疲劳，致使性欲低下。

解决方法　自觉地、有计划地做好性生活之前的心理准备，可以选择几种最容易使自己身心轻松而乐观开朗的活动，如唱歌、跳舞、看电视、看小说、练剑、打太极拳、打篮球等。凡是自己喜欢的活动，只要不消耗太多精力，人人都能从中感到生机勃勃、意气风发，性心理疲劳就会被赶走，把生活中的受挫感引开，性的欲望就会逐渐升起。

女性性高潮障碍的调节方法

大多数女性没有体会到真正的性高潮，其主要原因：①女性常无意识地过分抑制先兆感觉，想保持自我清醒的头脑，这是心理因素造成的。②男性的技巧问题：女人绝不可能从纯粹的阴道性交中获得性高潮。女人可以整夜地做爱，而男人却不行。这是因为一次高潮过后，女人并不能恢复到性欲未被唤起的阶段，而是恢复到高潮之前的半兴奋状态。如果一个女人能够有规律地达到性欲高潮，那么在短时间内再给予适当的刺激，还能达到第二次、第三次、甚至有多次性高潮，直到她感到餍足为止。如果男人不清楚这一点，没有顾到女方的感受，当女人看到男人心安理得地从她们身上得到性高潮而她们自己却得不到时，她们会觉得自己是卑下的、被压迫的和无足轻重的。③病理因素包括脊椎神经退行性疾病，内分泌疾病，如糖尿病、甲状腺功能低下、甲亢、精神病药物等，这些病都很明显，易做出诊断。若无病理性疾病，治疗用以下方法：

·首先学会性幻想，并学会肛门和阴部肌肉收缩的锻炼。在做爱中，一旦出现电传感觉即可开始做性幻想，自我陶醉和阴部肌肉的收缩，逐步顺其自然达到性高潮。

·也可通过手淫来获得首次性高潮后，再和伴侣交流切磋性敏感点刺激技巧等问题。当通过伴侣刺激阴蒂达到性高潮后，夫妻便可进入性交活动。要正确认识手淫，是对提高女性性快感程度和促进高潮反射的释放，是一个有效的辅助措施。

射精为何不再畅快

临床上，经常会听到一些40岁左右的男性抱怨，最近性生活中射精的感觉不像以前那样畅快淋漓，甚至有点射精无力。这让他们心中很是不甘，还有点担心：是不是自己的生殖系统出问题了，或是性能力下降了。其实，可能导致上述感觉的原因很多，既可能是疾病，也可能与疾病无关。

精神因素 男性射精其实是一个“迫出”过程，阴茎海绵体的横纹肌起了关键作用。如果男性的心理压力很大，长期处于焦虑、紧张的状态中，就会导致植物神经功能紊乱，从而使横纹肌的收缩舒张受到影响，进而降低射精时的快感。

体质因素 长期不锻炼会导致肌肉力量下降或易使

身体疲劳，这些都会使阴茎海绵体平滑肌的力量减弱，这也是一部分男性射精快感减退的原因。

性高潮障碍　这确实是一种疾病，通常由生殖内分泌系统功能紊乱引起。除了射精快感下降，它还可能伴有精液量减少、性欲减退等症状。此时就需要去医院进行诊疗了。

女性发育不良怎么办

医生您好：

我身材矮小，乳房扁平，丈夫开玩笑时说我像个发育不良的中学生，我很自卑。我每次对着镜子看自己的身体，就觉得自己身上性感的成分太少了。有一次，我们亲热时我忍不住哭了，丈夫问了半天，我才告诉他这个原因。他笑着说，这叫小巧玲珑。我知道他真的没有把这个问题放在心上，但他的宽慰并没有让我摆脱困扰，我应该怎么办？

医生答：

人的身材有高有矮，有胖有瘦，各不相同，而大部分男人喜欢瘦小的女人。因为瘦小的女人相对来说阴道都比较紧、比较短，包裹着阴茎很舒服，也很容易填满。所以丈夫绝不会嫌你发育不良。

至于你的乳房较平，可以让丈夫多抚摸。你本人也常幻想着做爱时的幸福感觉，这样可促进女性激素的分泌，增大乳房。对于乳房来说，玩的时间越多，就越大，越敏感。如果长期闲置，就会因废用性萎缩变得越来越小。而男性一般不太在意乳房的大小，抚摸乳房只是为了满足女性的需求，激发女人的情绪。男人很在意阴道的大小，你身材瘦小，正好占了有利的一面。你应该尽情地做爱，自信地生活，你的身材就会在不知不觉中更有女人味。

男人性事后倒头睡的缘由

男人在性交高潮时分泌一种黑皮质素，这种物质可使人产生疲劳感和满足感。美国研究人员用人工合成黑皮质素作安眠药，效果非常好，所以男人在性事后特别想睡觉。但性事后立即睡觉可延长黑皮质素的分泌时间，造成第二天早晨还有嗜睡的感觉。如果性事后继续坚持 5～10 分钟的清醒期，即可停止黑皮质素的分泌。这时再入睡可使第二天早上无疲劳感。所以保持 5～10 分钟的清醒对男、女双方都很重要。在高潮后，双方应继续说点儿悄悄话，谈论一点家常事，共同作精液的处理及床上的整理工作，等女方有一个高潮后的平息感和男方有一个高潮后的清醒感，再双双入睡，到第二天早上就没有性的疲劳。

“暂歇性性高潮中断”原因分析

有的人在新婚之初有令人心醉的高潮乐，1～2 年之后，那种让人心跳加速、面红耳赤的高潮却不见了，这就叫“暂歇性性高潮中断”，原因有多种多样，最常见的有 4 种：

- 俗话说，饱客吃什么都不香，要小别胜新婚。
- 生活中有点小口角，情绪、气氛未调节好。
- 工作紧张，饮食差已无精力再去过性生活。
- 抚爱方法简单，花样少，未与配偶沟通，更不敢与外人交流，就像老吃一种菜，都厌了，也不知怎样才能换一换。

解决方法：

- 要调稀房事次数。
- 要加强生活中的恩爱，解决好小矛盾、小问题，夫妻间要宽容，只有心心相印的夫妻才能达到真正的性高潮。
- 共同学习性爱知识，双方积极主动地在实践中探索，消除封建观念束缚和被动地顺从等因素的影响。

“性对抗”的表现

男性的“性对抗”多数表现为性暴力。认为“娶来的妻子买来的马，任我骑来任我打”，这种大男子主义思想把妻子视为性“奴隶”忽视了妻子的心愿与人格。更难以想象还会有什么甜言蜜语与夫妻恩爱，能磨平性暴力带来的伤害，这只能造成性生活不和谐，影响夫妻生活质量。更不能激发出妻子的“活力”和灵感，扼杀了妻子的主动性和潜藏着的能力，促使妻子像听话的小绵羊，如果到了小绵羊的地步还要遭打，就会迫使女方起来反抗，最终导致家庭破裂而以悲剧告终。

女性的“性对抗”常表现为把性视为交换的条件，对丈夫实行“性操纵”的条件迫使丈夫让步，实际上是对丈夫要挟，最终会导致丈夫行为出轨后悔莫及。

夫妻双方一旦出现了性对抗，要诚恳大胆地正视现实，共同寻求合理的解决方法。夫妻在家庭生活中是男女平等，同样在性生活中也要男女平等，必要时可求助于心理医生。有人说：只要能提出问题，并且想去解决这个问题，就等于性对抗已解决了一半。再经过“长者”的调和、朋友的劝告、熟人的评说，很快矛盾就能解决。

“性冷淡”也是女性性对抗的表现。对待性冷淡的治疗应该是舒缓地传达正确的性知识与性观念，一点点影响她，比如买本性知识手册，故作不经意地放在案头，等她自己翻看。人对性的欲求是生物体的自然属性，是最美妙的事物之一，真理的光辉总是遮不住的，只要我们以一种自然的心态面对自然的事物，人心底的自然欲求便会被唤起，从而自觉地进入美轮美奂的两性世界。

丈夫要有足够的耐心与温柔，也可先只做抚爱的按摩，每日一次，逐步加长时间、加宽范围、加深技巧，一般持续1～2周即可达到目的。

自慰或手淫之谈

手淫就是用自慰的方式解决自己的性需求。这是一种纯粹的发泄，与做爱有很大的区别。自慰是一件很男性化的事，它可很自在、很方便地发泄掉一些沉积在内心的东西。而做爱是需要配合的活动，做爱的目的也是多元化的，人的自我满足，取悦对方到传宗接代都是做爱的目的。

妻子若是发现丈夫有手淫情况，不必大惊小怪，更不要想到“他是不是还爱我?”这个问题，而是要帮助丈夫用抚爱的手段逐步走上正常的性爱之路。

手淫从医学的角度来说，既不提倡，也不反对。从男人的角度来说，能避免，就避免。因为手淫无法体验性交时的那种情感投入，那种两个生命融合的美感。

女人的自慰目的常与男人不同。女人在自慰中可以发现使自己获得性快乐的区域和技巧。每个人适于接受自己独特的敏感地带，绝大多数男人不懂得发掘，所以女人常在自慰中去积累那些使自己达到高潮的经验。女人再把这些经验告知丈夫，提高夫妻性生活质量，许多性障碍者的问题将迎刃而解。

女人这种在性生活中表现出来的独立意识，也将直接作用于她们对待人生其他问题的态度上，树立起与男人平等的思想。

从来就没有什么特定的性行为方式，人的所作所为都应该围绕着快乐原则。只要能带来快乐，自慰便是美好的，一切方式都是美好的，都应该对其加以肯定。自慰的解放实际上是以人为本的解放。

西医对治疗阳痿的说法

性是最高功能的生活需要，唯有身心都健康，才有高品质的性。如果性事方面出现问题，也会在金钱、家事分配等其他方面出现问题。若两人不能从“性”发现自己，坦诚沟通，重新检视彼此的关系，焦虑和阳痿就会随之而来。

如果一味地用壮阳药物来增加信心，解除性事的焦虑，会养成依赖药物的习惯。壮阳药物一颗几十元，甚至上百元，因此要盘算好花在“性福”上的代价。

如果阴茎自慰、夜间和清晨勃起都正常，阴茎功能应该没有问题。问题在心里而不是阴茎。

一些自然有效的方法不妨试一试，如：

• 戒烟：当你吞云吐雾时，香烟里的尼古丁正一点一点摧毁性福，也会影响男性生殖器官的长短。勃起后瘾君子的阴茎明显比不抽烟的人短小。在性生活满意度上，从不满意到很满意分成1～10个等级，瘾君子的平均分数是5分，大大落后于不抽烟者的9分。

• 绝不熬夜：充足的睡眠会让你的阴茎再充盈。因为每晚4～6次的夜间勃起让阴茎充满含氧血，多次的夜间勃起会让阴茎的弹性变好，也更坚挺。

• 跑步：运动是最好的回春术，有助于延缓老化。有研究指出，与不运动相比，每周跑步3小时以上的人，发生阳痿的风险不但降低了30%，而且他们的性能力还会年轻2～5岁。此外每天快走30分钟，也会将勃起障碍的风险降低15%～20%。

• 饮食以低脂肪为主，控制体重不超标准。

标准体重（公斤）＝身高（cm）－105，上下有10%的浮动。

• 性事上切忌一成不变，两人可变换做爱时间、地点、姿势，增加情趣。唯有两个愉快的人，才会有愉快的性生活，所以双方应多花心思营造亲密的关系。

心理医生对阳痿的治疗

原因 阳痿主要是男性精神上阳刚之气失落的反映，是丈夫的雄性信心被焦虑困惑所致。很可能男性一开始进入性关系时遇到一连串失败，并且是难以挽回的局面造成的。

阳痿是男性和女性共同的苦恼，也是男性和女性共同的责任。它在一定程度上不是由男性本身支配，而是由异性决定的。男性阴茎也有其自己愿意或不愿意“做爱”的选择权、拒绝权。一般来说，一个标准男人在被亲吻爱抚和面对一个真心情愿的女人时，会产生自动勃起。

当一个男性把自责、愧疚、戏弄、玩世不恭、敷衍、应付、自卑和缺乏信心等观念输入潜意识时，面对异性就可能出现阳痿。当一个女性把骄傲和愤怒、责任和怪罪、儿戏和随便、鄙视、看不起等情绪传染给对方时，也可能造成对方阳痿。在性生活中，一次失败后若不及时沟通和协调，就不能轻装和释然，就会导致恶性循环。男人的性器官远比男人的自我认识更为敏锐，一旦男人做爱的兴致被某种因素破坏殆尽，阳具首先会做出反应。性交是需要心情的，没有了心情，便没有了昂扬的性器。阳痿完全可能是因为男人的性欲没有被唤起，即使他觉得应该做爱了，这只是理智性的愿望，而感觉性的欲望还未到位。阳痿并不是性障碍，有些情况下阳痿也是一种权利，每个男人都有权利在适当的时候坦然地阳痿，而不必为此感觉愧疚。阳痿并不是一种罪过，而是一种生理现象，男人的魅力离不开性，却绝不仅仅在于性，只要持之以恒，没有无法治愈的阳痿，只有无法改变的自卑，如担心自己的阴茎太长伤害对方，或是太小让对方看不起，担心自己的性行为不能带给对方快乐，担心使对方怀孕，担心性交时被人看到，这一切都有可能使男人阳痿。害怕阳痿经常是阳痿的真正原因。一位男子幼时玩弄阴茎被父母发现打骂，成年后落下阳痿的病根。所以有太多的理由使男人阳痿，而不能怪他们无能。只能算是性器官以体态语言表白：我想休息！

治疗　关键在于女性平时的温和、体贴、关爱、顺从。性生活中的抚爱要有耐心和多样化试探。可用手或嘴抚爱阴茎、大腿内侧、阴囊及男性所有敏感区。好的女人应该有意识地转移男伴的精力，使他不要将注意力总集中在阴茎上，而是转移到双方的亲昵上。女性唯一的武器便是温存，使男人在温存中放松。好的女人懂得适时地夸奖自己的男人，一个总是被赞赏的软弱男人也会变得刚强起来。女人的爱心是治愈阳痿的灵丹妙药，女性的温柔能点燃男人的性欲之火。连当事的男人都感觉奇怪，自己那个一直疲软的东西竟在他与女人的亲吻爱抚中慢慢地刚硬起来。一旦勃起，女性立刻配合放入阴道，反复多做几次可逐步自然痊愈。也可配合药物勃起，能增强信心，逐步恢复雄性宏风，再逐渐减少药量，最后停药，使阳痿完全治愈。

性罪心理

性罪心理是指再婚女性，她们在与后夫结婚后，在做爱时常会表现出一种紧张和惊恐的心理。并常向后夫诉说前夫在性方面的自私，只管自己满足、不体贴她或者说自己与前夫过性生活是出于无奈，只是尽尽当妻子的责任而已，从而使后夫在性生活的过程中无法获得美好的感受，影响了性生活的和谐。许多后夫不能理解妻子的这种心理障碍，反而误认为是妻子怀念前夫，这给家庭生活笼罩上一层阴影。

性罪心理的原因是：她们头脑中有浓厚的女子贞洁观和“一女不从二夫”的封建思想意识。在做爱时，这种封建思想通过紧张不安的形式反映出来。她们诉说前夫的性生活史的目的，实际上是想通过说前夫的自私、自己未享受到性生活的快乐，来表示以前的性生活是自己所不愿意的。想以此来减弱自己的性罪心理，求得后夫的谅解和减轻自己的心理压力。

对于丈夫，在言谈上要注意避免如贞洁、贞操之类的话题。在妻子心情好的时候表示自己绝不会因为再婚而歧视看轻她。并努力增进彼此的了解和夫妻的感情，使妻子放下思想包袱，去掉紧张恐惧的心理。必要时嘱咐妻子，永远不提前夫之事，忘掉过去，过好眼前的日子。

性"罪恶感"的解译

在许多人的心目中，性交是有伤身体的，是生命的磨损和精力的消耗。还说"一滴精液十滴血"、"童男童颜"、"老童男老而不衰"。至使性欲强的人有一种罪恶感，认为自己对不住自己。性欲来时想着"就是死了也值"，性欲过后又认为自己"真没出息，意志太薄弱，以后一定要节制"。这种压抑感和负罪感在脑子里打转，有时把精力不支，身体不佳归咎于性交频繁。这种罪恶感不知折磨着多少人。

事实上，性交不仅是生理行为，也是精神生活。它是精神需求与生理需求高度结合的人类基本行为，没有正常的性生活，就没有身心畅达与和谐，就没有精神的爽朗和振奋。所以说，性能力强、性欲旺盛、性生活充实的人，往往是健康的人，而性欲弱的人恰恰是身心健康指标低下的人。

性生活当然会带来疲劳的感觉，一次纵情的游泳比赛在兴奋之余，也会感到疲劳。所以说，成功而愉快的性交是最好的体育锻炼和精神娱乐。如果你感到疲劳，需要休息和补充，正好为你作了一次良好的放松与调整，并领略了大自然恩惠的天伦之乐。这是一举两得的快乐之事，只要性的欲望是自发的，不是勉强的，无论多么强烈，都是正常的，健康的。没有必要压抑和扼杀，更不要有“罪恶感”。

性快感、性宣泄、性虐待的区别

性快感　是性交过程中，因感官刺激而产生的一种舒服、愉快、兴奋、激动的感觉。一般男性以射精为标准，女性也以“射精”即阴道分泌大量液体为标准。性满足能带来妙不可言的性快感，它使人精神焕发，周身顺畅，这是“只能意会，不能言传”的体验。

性宣泄　把性行为当做排解心中积郁的手段。如在一个对象身上发泄，想着却是其他人的某种情绪。或用性交来发泄报复、惧怕、嘲弄、鄙夷等情绪。也有用性交来冲淡苦闷、无聊、空虚、忧愁等心情。此种交合只有一方满足，另一方是应付，双方都只有部分解脱，缺少快感。

性虐待　在做爱时乱来，不把女性当人看待，如一个虐待狂的自白：我就像个复仇犯，特别凶恶，我狠狠地吸吮她乳房，咬得她失声大叫，我用膝盖撞她的阴部，直撞得她脸色发青、发晕。我发泄着对女人的仇恨与渴望，我这样折腾一阵就痛快淋漓，心理才会平衡。这就是性变态的真实表现。性虐待是性变态中最常见的一种，它以折磨人为

乐趣，手段和方法多种多样，非常残忍。一般被虐待方都是被迫忍耐，从而导致惧怕性行为。

性洁癖

性洁癖是指当事人口头上承认对方的生殖器和性行为符合卫生标准，但心理上却无法控制地感到对方很脏，从而引起对异性的厌恶并影响了性的和谐和夫妻感情。性洁癖分3种类型：肉体型、精神型和混合型。肉体型患者认为，对方生殖器乃至生殖器的分泌物很脏，不仅要求对方洗净下身，还要用酒精消毒、戴上避孕套等。从而使自己处在迫不得已的厌恶心理状态下进行尽义务性质的房事。精神型患者是厌恶异性对性爱表达的动作、神态、语言，不愿忍受对方的一言一笑。混合型患者是前两种类型的表现兼而有之。

原因 我国长期以来受封建思想的影响视性为禁区，性知识正面宣传不够的结果。许多少女从小就被告知月经是脏的，将月经来潮称为“龌龊来了”。从对自己的性洁癖发展为对任何男性的洁癖。婚后又延伸到对丈夫的性洁癖。有些文化层次较高的女性，把精神型性洁癖当成情操高尚，虽碰壁而不悔。男性性洁癖者，是受男尊女卑的影响，认为自己的性器官是干净的，女性的却很脏。

治疗方法 首先要认识到夫妻间的性行为是一种正当的行为。人的血液、精液、分泌物等，对于自己来说都是干净的、有营养的，也是人生存的必需液体。但对别人来说就是脏的怕污染，而对夫妻来说，互相间应该是营养液体。因为夫妻间都是知根、知底、没有性病、经过婚前检查的异性，这种液体可以与自己的液体融为一体营养着双方。就像经过化验交叉配血后的输血一样，病人接受了别人的血液就能转危为安。

夫妻双方经过洗澡，阴茎的包皮应扒开清洗龟头，身体上没有汗味、臭味，有一种人还会自然发出“肉香”味。就像生的猪肉也有一种猪肉香味一样，我们每个人都有自己不同的香味。婴儿的肉香味最重，所以很多大人都喜欢亲一亲小婴儿。成人的生殖器的肉香味最浓类似于婴儿味，在这种情况下性交是非常干净幸福的。

性洁癖者只要端正了思想，做了洗澡等必要的准备，再用脱敏疗法一点点适应，一般都能治愈。

不射精的原因

不射精患者在性生活时，阴茎可以毫不困难地勃起，也高度渴望性高潮的释放，但是他们即使性交很长时间，往往使双方感到十分疲劳甚至不适，也仍然不能实现射精。很多时候还有个突出特点，那就是只要患者的阴茎置于阴道内就无法射精。不射精是相对于早泄现象的另一个极端，早泄患者的射精域值则太低，触之即发，毫无控制能力。

不射精分为三种情况：

原发性不射精症 系指初次性交就遇到这一困难，如果他们在清醒状态下从未射过精，但平时可有遗精现象，叫原发性绝对不射精症。这多由性无知或性抑制造成。

原发性选择性不射精症 是指手淫时或由女方用手或其他部位进行非“阴茎阴道性交”刺激时能射精者。这种不射精的原因是无意识性抵触，对阴道内射精有不正确看法，或性交时刺激神经不够，射精反射弧未“接通”或是没有达到能引起反射的强度造成。

选择性不射精的病情程度有很大差异，这些人只有处于罪恶感和抵触意念的情境中，或只有与特定的性伴侣性交时才会不能射精，而与其他女性性交却能毫无困难地进行阴道内射精。很多患者主诉：虽然他们在每次性生活中做了一切努力，性交时间延长到几十分钟，进行过富于刺激的性幻想，拼命喝酒精类饮料等均无济于事。而用同一性伴侣的手或其他部位刺激时能完成射精。所以患者常在阴道性交中获得双方一定的快感之后，抽出阴茎。然后设法手淫才能达到高潮射精，有的还必须背着女方手淫或要等几小时。直到与异性相遇的兴奋彻底消除后才能缓解焦虑，用手淫达到高潮射精。这类患者常不愿性交，只靠手淫释放他们的性张力。

继发性不射精症 在出现问题之前曾经有正常的阴道性交射精能力。这类病人较多的是他们往往经历过特殊的精神创伤，如性交时被外人发现而突然中断，婚前性行为受到责罚，对妊娠的畏惧，夫妻感情不和或对妻子怀有敌意等，均可导致阴道内射精能力丧失。

总之，不射精原因有很多，其中90%为心理因素，如新婚双方均缺乏基本的性知识，不知道性交是怎么回事，不知道性交时阴茎要在阴道内快速进行大幅度的持续摩擦。对处女膜破裂有畏惧心理，从小接受的教育把性贬低为下流、肮脏、淫秽、见不得人的事。怀有畏惧与犯罪心理，或对现配偶不满意，仍念念不忘旧日情人，或怀疑妻子婚前不贞，或有外遇，或在结婚时负债多，思想压力大或新婚性交失败，遭妻子冷遇逐渐丧失性欲和回避性交等。还有女方对性交有恐惧心理，有性交痛或怕损伤内脏而限制男方抽动，或女方体质差厌烦性活动，而使男方性冲动屡受挫折。

客观条件方面：如住房条件差无单独卧室，双方工作时间不同，导致性生活不协调，男方过度疲劳等。还有局部因素如包皮过长，致使龟头接受刺激不够，包皮嵌顿，疼痛使性交被迫中断，还有生殖器炎症等。

不射精的原因多种多样，医生要帮助他们澄清种种原因，排除婚姻障碍才能治愈。至于别人也有相似矛盾却无不射精症状，那是个体之间存在的差异。

乳房过小的处理方法

原因　未婚或长期无丈夫爱抚造成。

治疗　丈夫每日抚摸或吸吮十分钟以上，使乳房有乳头立起，乳房充血增大，并有电流感和微微隐痛感，持续三

个月，乳房会逐步长大，恢复正常。一般用不着吃药，更不宜用填充物治疗。填充物可影响性感的传导，使性生活失去不少色彩。对身体也不利，影响心电图的检查。总之性的爱抚就是最好的增乳素。

口臭的处理方法

口臭的原因有虫牙、牙龈炎、残留食物渣子、假牙材料差、慢性口腔溃疡等口腔疾病和饮食过量、精神抑郁等造成。其中最主要的原因是心情抑郁。

治疗方法：首先到口腔科，将虫牙补好，坏的牙齿该拔的就拔，假牙材料不好的就换，把口腔疾病治愈。再每日早晚各刷牙一次，晚上刷牙后不再进食。饭后漱口，常用牙签将食物残渣彻底清除，适当饮食，防止过量引起腹部过胀。在性交前刷牙一次，通过快乐的性生活，抑郁的心情可逐步改善，一般一个月左右口臭即可完全消失。

发生血精原因

血精是精液中带有血液。如果男性身体没有什么不适，这血精属功能性。主要因为性交次数较少，甚至长期无房事者，一旦发生性交兴奋性较高，精液聚积较多，压力骤变引起输精管内壁上毛细血管渗血造成。需停止房事2～3周，让破损的血管修复。再恢复有规律的房事，但血精伴有其他症状，如腰酸腿痛、尿痛等属器质性病变需到医院治疗。

房事时不宜忍精

有人在性交中将要射精时，强迫自己停止运动，使之不射精，甚至在性高潮来临之前用手紧握阴茎根部，使精液不能射出，这种做法叫“忍精”。在中老年男性中较为多见。

一些人有这样一种说法“千粒米一滴血，十滴血一滴精”。加上古代养生方法中有“固精长寿”的说法，于是部分老年人为了长寿，分居、禁欲、忍精不泄。其实这是杞人忧天，毫无科学根据。

精液由精子和精浆两部分组成，正常男性每次射出精液约为1.5～6毫升，其中精子只占1％，精浆占95％以上，精浆的成分与血浆基本相同，90％是水分。人体精浆和精子的产生是连续不断的，射精后，精子密度暂时下降后，3～5天即可恢复正常。

如果强行用手捏住阴茎，使精液不能正常排泄，精液会向后方进入膀胱形成逆行射精。反而会引起性欲减退，产生阳痿等病。

高血压患者性生活注意事项

高血压是一种常见的慢性病，病程几乎是终生。一些高血压病人害怕过性生活，因此而导致血压猛升，发生意外。那么，高血压病人如何对待性生活呢？

首先应依病情而定。第一、二期高血压病人，可像正常人一样过性生活。一般要有规律地进行，注意节奏，避免过分剧烈动作，时间不宜太长，并讲究体位舒适。若出现呼吸急促或胸闷、心前区不适、头痛、头晕等不适时，应立即休息，加服一次降压药。要学会自行测量血压，注意血压变化，最好房事前后自测血压一次，掌握血压变化程度，以免发生意外。

第三期高血压病人，血压明显升高时，不易进行性生活。

血压：高压超过 190mmHg，低压超过 110mmHg 不能进行性生活。

劳累后遗精怎么办

一位年轻人给心理热线打电话说：他身体很好，就是白天很累时晚上就会遗精，问怎么办？医学专家认为，这种现象多出现在身体较好的青年身上，次数只要不超过前述"年龄与性关系"的次数，就属正常现象，并非体质虚弱或患病所致，不必作特殊治疗。

当劳累后，血液循环增快、性腺分泌功能增加，甚至内裤过紧或被子过重而增强性兴奋，从而造成遗精。如果遗精次数超过"年龄与性关系"的次数，并导致精神疲乏，甚至影响生活和工作，就要注意调节。如劳累后洗个热水澡，听听轻音乐，和家人朋友闲谈等，尽快放松体力，恢复精力。另外，当晚饮食要清淡、避免过饱和摄入辛辣刺激性食物，不饮咖啡、喝酒、吸烟等兴奋性物质，不可滥用补溢性药物。必要时服少量镇静剂，不要背上思想包袱，造成恶性循环。最重要的一条是：尽早结婚，做正常排精，过上幸福生活。

男人不宜常吃的食物

莲子心、冬瓜、菱角、竹笋、芹菜、丝瓜、烈酒、烟草，这些食品均可使男性激素分泌减弱，造成男人性功能低下，所以男人不宜多吃。

男子“色厥”防治

发生于性生活中的休克，中医称为色厥。色厥有两种类型：一种是动血型，表现为突然大量出血，如吐血或流鼻血，随即发生呼吸困难、大汗淋漓等症。另一种是暴脱型，即男方突然全无动静，面白唇紫，目光呆滞，呼之不应。这时女方应保持镇静，切不可慌乱地将对方推开，要轻轻地将对方仰卧，打急救护电话后，即做口对口人工呼吸，手掐压患者的人中穴和心前区，或急煮独参汤频频灌服，或服速效救心丸或丹参滴丸。待急救人员到来，速送医院抢救。

平时要注意养生之道，房事要有规律，节欲保精，防患于未然。

色厥常发生于有心脏病史的患者，所以凡是有心脏病的人，要做性方面的咨询。家中常备救心丸类药物，不易过度兴奋，要逐步试着动，一有呼吸急促，要注意休息。

性病传播六大怪

一怪 人类对性病几乎不存在足以预防感染的屏障。

一旦感染，发病在所难免。

二怪 没有有效疫苗。很多传染病，经过疫苗问世，可在全球绝迹，如天花、小儿麻痹症等。

三怪 病后不能产生牢固的获得性免疫。可再度感染，再次发病。

四怪 性病不能经昆虫传播。不论是经血液传染的性病，还是经粘膜传播的性病，都不能经昆虫传播。

五怪 性病病原微生物对外界抵抗力都很低。一般离开人体后，在干燥的环境中，1 小时内死亡。

六怪 性病可危及配偶和子女。夫妻间有一人患性病，就会像打乒乓球一样在二人中传来传去，除非双方同时治愈。婴幼儿被传染的可能性也不小。

性病六大怪提醒人们，不可心存侥幸，以致一夜风流，染上性病，终身悔恨，避孕套这时也不是很安全。

性病的共同点与治疗

性病的共同点，治疗双方同时用药、禁欲，待症状完全消失 7 天以上才能同房。

滴虫病 双方有大量稀水样分泌物，阴部瘙痒明显，显微镜检查有滴虫活动。治疗双方口服灭滴灵 2 片，一日 3 次。女子阴道放甲硝唑栓，每日 1 次连续七天。一般治疗 1～2 周即可痊愈。

霉菌 女方有豆腐渣样白带，双方阴部瘙痒。治疗双方口服抗真菌药，如克霉唑每日1～3克，持续1～2周，用洁尔阴液清洗阴部每日1次共7天，阴道放克霉唑栓每日1次共七天。一般半个月内治愈。

淋病　双方阴部分泌物增多，有红肿小溃疡和刺痛感，腰酸、下腹胀痛、大腿酸痛，治疗双方共同口服菌必妥3片每日3次持续15天，或输液：青霉素800万单位、菌必治3克加适量生理盐水输入，连续7天。对青霉素过敏者可用环丙沙量200ml或左氧氟沙星200ml静脉点滴持续七天。

非淋性病　双方阴部有大量分泌物，每日可湿1～2条裤子，红肿及溃疡不明显。有腰、小腹、大腿轻度酸痛。治疗：口服菌必妥每次3片，每日3次，共15天。或静脉输入环丙沙星200ml加氧氟沙星200ml和青霉素800万单位及250ml生理盐水，治疗连续七天。

艾滋病　目前尚无特效药。

艾滋病的表现形式与传播途径

艾滋病主要是性交传染，常在感染后1～10年内无任何症状，患者若不经检查也不知道已患艾滋病，但具有传染性，是艾滋病毒携带者。

当艾滋病毒携带者再患其他病时，无论什么病都是左治右治不见效，抵抗力非常低下，经过艾滋病检查，才发现是艾滋病，这时已病入膏肓，没有几个月就会死亡。有些人未经过艾滋病检查，直到死亡也不知是艾滋病致死，还以为是患其他病未治愈死亡的。所以说，只要不是初婚，性交前一定要做艾滋病检查或婚检，不要感觉自己没病就不做检查，那是很危险的。

曾有一位“花花公子”在发现已患艾滋病后，问其来源时，他也不知道，只知道与上百人发生过性行为。这些人的姓名、地址是真是假早已记不清，不知病从谁那里传染上，更不知又已传播了多少人，发病后才两个月就死亡了。所以只要有性泛滥，艾滋病的传播是非常快的。另外吸毒人员、卖血人员也易患艾滋病，在这里不做论述。

世间什么才是最珍贵的

从前，有一座圆音寺，每天都有许多人上香拜佛，香火很旺。在圆音寺庙前的横梁上有个蜘蛛结了一张网，由于每天都受到香火和虔诚的祭拜者的熏托，蜘蛛便有了佛性。经过了一千多年的修炼，蜘蛛佛性增加了不少。

忽然有一天，佛主光临了圆音寺，看见这里香火甚旺，十分高兴。离开寺庙的时候，不轻易间地抬头，看见了横梁上的蜘蛛。佛主停下来，问这只蜘蛛：“你我相见总算是有缘，我来问你一个问题，看你修炼了这一千多年来，有什么真知灼见，怎么样？”蜘蛛遇见佛主很是高兴，连忙答应了。佛主问到：“世间什么才是最珍贵的？”蜘蛛想了想，回答到：“世间最珍贵的是‘得不到’和‘已失去’。”佛主点了点头，离开了。

就这样又过了一千年的光景，蜘蛛依旧在圆音寺的横梁上修炼，它的佛性大增。一日，佛主又来到寺前，对蜘蛛说道："你可还好，一千年前的那个问题，你可有什么更深的认识吗？"蜘蛛说："我觉得世间最珍贵的是'得不到'和'已失去'。"佛主说："你再好好想想，我会再来找你的。"

又过了一千年，有一天，刮起了大风，风将一滴甘露吹到了蜘蛛网上。蜘蛛望着甘露，见它晶莹剔透很漂亮，顿生喜爱之意。蜘蛛每天看着甘露很开心，它觉得这是三千年来最开心的几天。突然，刮起了一阵大风，将甘露吹走了。蜘蛛一下子觉得失去了什么，感到很寂寞和难过。这时佛主又来了，问蜘蛛："蜘蛛这一千年，你可好好想过这个问题：世间什么才是最珍贵的？"蜘蛛想到了甘露，对佛主说："世间最珍贵的是'得不到'和'已失去'。"佛主说："好，既然你有这样的认识，我让你到人间走一朝吧。"

就这样，蜘蛛投胎到了一个官宦家庭，成了一个富家小姐，父母为她取了个名字叫蛛儿。一晃，蛛儿到了十六岁了，已经成了婀娜多姿的少女，长的十分漂亮，楚楚动人。

这一日，新科状元郎甘鹿中进士，皇帝决定在后花园为他举行庆功宴席。来了许多妙龄少女，包括蛛儿，还有皇帝的小公主长风公主。状元郎在席间表演诗词歌赋，大献才艺，在场的少女无一不被他折倒。但蛛儿一点也不紧张和吃醋，因为她知道，这是佛主赐予她的姻缘。

说来很巧，过了些日子，蛛儿陪同母亲上香拜佛的时候，正好甘鹿也陪同母亲而来。上完香拜过佛，二位长者在一边说上了话。蛛儿和甘鹿便来到走廊上聊天，蛛儿很开心，终于可以和喜欢的人在一起了，但是甘鹿并没有表现出对她的喜爱。蛛儿对甘鹿说："你难道不曾记得十六年前，圆音寺的蜘蛛网上的事情了吗？"甘鹿很诧异说："蛛儿姑娘，你漂亮，也很讨人喜欢，但你想象力未免丰富了一点吧。"说罢，和母亲离开了。

蛛儿回到家，心想，佛主既然安排了这场姻缘，为何不让他记得那件事，甘鹿为何对我没有一点感觉？

几天后，皇帝下召，命新科状元甘鹿和长风公主完婚，蛛儿和太子芝草完婚。这一消息对蛛儿如同晴空霹雳，她怎么也想不通，佛主竟然这样对她。几日来，她不吃不喝，苦思冥想，灵魂就将出壳，生命危在旦夕。太子芝草知道了，急忙赶来，扑倒在床边，对奄奄一息的蛛儿说道："那日，在后花园众姑娘中，我对你一见钟情，我苦求父皇，他才答应。如果你死了，那么我也就不活了。"说着就拿起了宝剑准备自刎。

就在这时，佛主来了，他对快要出壳的蛛儿灵魂说："蜘蛛，你可曾想过，甘露（甘鹿）是由谁带到你这里来的呢？是风（长风公主）带来的，最后也是风将它带走的。甘鹿是属于长风公主的，他对你不过是生命中的一段插曲。而太子芝草是当年圆音寺门前的一棵小草，他看了你三千年，爱慕了你三千年，但你却从没有低下头看过它。蜘蛛，我再来问你，世间什么才是最珍贵的？"蜘蛛听了这些真相之后，好像一下子大彻大吾了，她对佛主说："世间最珍贵的不是'得不到'和'已失去'，而是现在能把握的幸福。"刚说完，佛主就离开了，蛛儿的灵魂也回位了，睁开眼睛，看到正要自刎的太子芝草，她马上打落宝剑，和太子深深地抱着……

故事结束了，你能领会蛛儿最后一刻所说的话吗？“世间最珍贵的不是‘得不到’和‘已失去’，而是现在能把握的幸福。